여러분의 합격을 응원하는

해커스공

KB093655

별 혜택

FREE 공무원 영어
동영상강의

해커스공무원(gosi.Hackers.com) 접속 후 로그인 ▶
상단의 [무료강좌] 클릭 ▶ 좌측의 [교재 무료특강] 클릭

🅐 공무원 보카
어플 이용권

GOSIVOCANOTE4800

구글 플레이스토어/애플 앱스토어에서
[해커스공무원 기출 보카 4800] 검색 ▶
어플 설치 후 실행 ▶
'인증코드 입력하기' 클릭 ▶ 위 인증코드 입력

* 쿠폰 이용 기한: 2024년 12월 31일까지(등록 후 30일간 사용 가능)
* 해당 자료는 [해커스공무원 기출 보카 4800] 교재 내용으로 제공되는 자료로,
공무원 시험 대비에 도움이 되는 유용한 자료입니다.

합격예측 모의고사 응시권 +
해설강의 수강권

AD5FC3F594F76267

해커스공무원(gosi.Hackers.com) 접속 후 로그인 ▶
상단의 [나의 강의실] 클릭 ▶ 좌측의 [쿠폰등록] 클릭 ▶
위 쿠폰번호 입력 후 이용

* 쿠폰 이용 기한 : 2024년 12월 31일까지(등록 후 7일간 사용 가능)
* 쿠폰 이용 관련 문의 : 1588-4055

 **무료 단어시험지
자동제작 프로그램**

해커스공무원(gosi.Hackers.com) 접속 후 로그인 ▶
상단의 [수험 정보] 클릭 ▶
좌측의 [단어시험지 생성기-해커스공무원 영어어휘] 클릭

해커스공무원 온라인 단과강의
20% 할인쿠폰

73AF32D37AFEANA4

해커스공무원(gosi.Hackers.com) 접속 후 로그인 ▶
상단의 [나의 강의실] 클릭 ▶ 좌측의 [쿠폰등록] 클릭 ▶
위 쿠폰번호 입력 후 이용

* 쿠폰 이용 기한 : 2024년 12월 31일까지(등록 후 7일간 사용 가능)
* 쿠폰 이용 관련 문의 : 1588-4055

해커스 회독증강 콘텐츠
5만원 할인쿠폰

34592FF9EA669AE8

해커스공무원(gosi.Hackers.com) 접속 후 로그인 ▶
상단의 [나의 강의실] 클릭 ▶ 좌측의 [쿠폰등록] 클릭 ▶
위 쿠폰번호 입력 후 이용

* 쿠폰 이용 기한 : 2024년 12월 31일까지(등록 후 7일간 사용 가능)
* 월간 학습지 회독증강 행정학/행정법총론 개별상품은 할인쿠폰 할인대상에서 제외
* 쿠폰 이용 관련 문의 : 1588-4055

단기 합격을 위한
해커스  커리큘럼

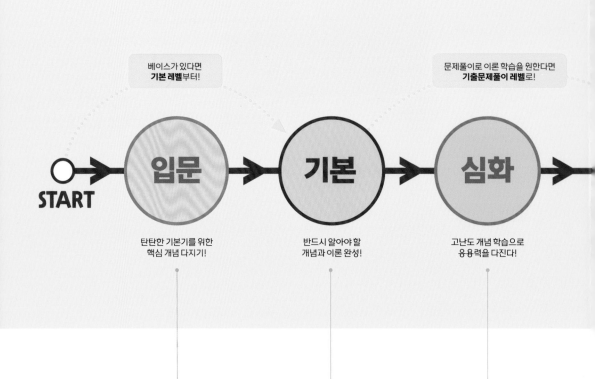

베이스가 있다면
기본 레벨부터!

문제풀이로 이론 학습을 원한다면
기출문제풀이 레벨로!

START

입문

기본

심화

탄탄한 기본기를 위한
핵심 개념 다지기!

반드시 알아야 할
개념과 이론 완성!

고난도 개념 학습으로
응용력을 다진다!

강의 쌩기초 입문반

이해하기 쉬운 개념 설명과 풍부한
연습문제 풀이로 부담 없이 기초를
다질 수 있는 강의

강의 기본이론반

반드시 알아야 할 기본 개념과 문제풀이
전략을 학습하여 핵심 개념 정리를
완성하는 강의

강의 심화이론반

심화이론과 중·상 난이도의 문제를
함께 학습하여 고득점을 위한 발판을
마련하는 강의

레벨별 교재 확인 및
수강신청은 여기서!

gosi.Hackers.com

* 커리큘럼은 과목별·선생님별로 상이할 수 있으며, 자세한 내용은 해커스공무원 사이트에서 확인하세요.

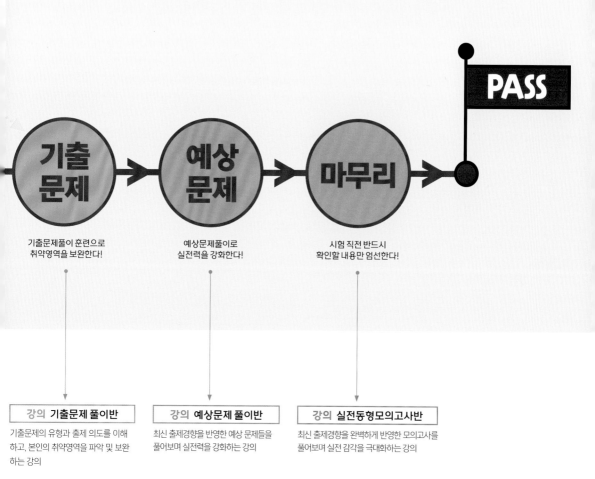

기출
문제

예상
문제

마무리

PASS

기출문제풀이 훈련으로
취약영역을 보완한다!

예상문제풀이로
실전력을 강화한다!

시험 직전 반드시
확인할 내용만 엄선한다!

강의 **기출문제 풀이반**

기출문제의 유형과 출제 의도를 이해
하고, 본인의 취약영역을 파악 및 보완
하는 강의

강의 **예상문제 풀이반**

최신 출제경향을 반영한 예상 문제들을
풀어보며 실전력을 강화하는 강의

강의 **실전동형모의고사반**

최신 출제경향을 완벽하게 반영한 모의고사를
풀어보며 실전 감각을 극대화하는 강의

강의 **봉투모의고사반**

시험 직전에 실제 시험과 동일한 형태의
모의고사를 풀어보며 실전력을 완성하는 강의

해커스공무원 **단기 합격생**이 말하는
공무원 합격의 비밀!

해커스공무원과 함께라면
다음 합격의 주인공은 바로 여러분입니다.

대학교 재학 중,
7개월 만에 국가직 합격!

김*석 합격생

영어 단어 암기를 하프 모의고사로!

—

하프 모의고사의 도움을 많이 얻었습니다. **모의고사의 5일 치 단어를 일주일에 한 번씩 외웠고,** 영어 단어 100개씩은 하루에 외우려고 노력했습니다.

가산점 없이
6개월 만에 지방직 합격!

김*영 합격생

국어 고득점 비법은 기출과 오답노트!

—

이론 강의를 두 달간 들으면서 **이론을 제대로 잡고 바로 기출문제로 들어갔습니다.** 문제를 풀어보고 기출강의를 들으며 **틀렸던 부분을 필기하며 머리에 새겼습니다.**

직렬 관련학과 전공,
6개월 만에 서울시 합격!

최*숙 합격생

한국사 공부법은 기출문제 통한 복습!

—

한국사는 휘발성이 큰 과목이기 때문에 **반복 복습이 중요하다고 생각**했습니다. 선생님의 강의를 듣고 나서 바로 **내용에 해당되는 기출문제를 풀면서 복습**했습니다.

공무원 영어

합격 가이드

매년 치열해지는 공무원 시험 경쟁에서 영어가 합격의 당락을 좌우하고 있습니다. <해커스공무원 영어 문법 고득점 핵심노트>는 수험생들이 단기간에 공무원 영어 시험에서 고득점을 달성할 수 있도록 공무원 시험의 최신 출제 경향이 완벽히 반영된 핵심 문법 이론을 포인트별로 제공합니다.

1. 공무원 영어 시험 구성 및 최신 출제경향
2. 공무원 영어 문법 출제 유형

공무원 영어 시험 구성 및 최신 출제경향

1. 시험 구성

공무원 영어 시험은 총 20~25문항으로 구성되며 크게 3개의 영역으로 나눌 수 있습니다. 공무원 영어 시험의 약 50%를 차지하는 독해 영역과, 나머지 50%를 차지하는 문법 영역, 어휘 영역으로 구분되는데, 어휘 영역의 경우, 세부적으로 어휘, 표현, 생활영어로 구분할 수 있습니다. (국회직 8급 및 법원직의 경우 독해 약 80%, 문법 및 어휘 약 20%)

시험 구분	총 문항 수	영역별 출제 문항 수		
		문법	독해	어휘
국가직 9급	총 20 문항	3~4 문항	10~12 문항	5~6 문항
지방직 9급	총 20 문항	3~7 문항	8~12 문항	5~6 문항
서울시 9급*	총 20 문항	3~6 문항	8~12 문항	4~8 문항
법원직 9급	총 25 문항	1~4 문항	21~24 문항	0~1 문항
국회직 8급	총 25 문항	2~6 문항	15~20 문항	3~6 문항
국회직 9급	총 20 문항	5 문항	7~10 문항	5~8 문항
경찰직	총 20 문항	2~6 문항	7~11 문항	4~9 문항
소방직	총 20 문항	4~6 문항	8~10 문항	5~6 문항

*서울시 9급 영어과목 시험은 2020년부터 지방직과 동일하게 인사혁신처에서 출제했습니다.

2. 최신 출제 경향 및 대비 전략

문법 길고 복잡한 문장에서 문법 포인트를 정확하게 파악해야 합니다.

문법 영역에서는 **분사, 병치·도치·강조 구문, 능동태·수동태, 동사의 종류, 수 일치, 관계절** 등을 묻는 문제가 자주 출제됩니다. 최근에는 문장의 길이가 길어지고 한 문제에서 묻는 문법 요소가 다양해지고 있습니다.

대비전략
문법 학습에서는 방대한 영문법 이론 중 실제로 출제되는 포인트들에 집중하여 효율적으로 학습하는 것이 중요합니다. 먼저, 주요 기출포인트를 단원별로 집중 훈련하여 기본 개념을 확실히 정리한 후 학습한 내용을 실전문제에 적용해보며 체계적으로 학습하는 것이 좋습니다.

분사 13%
병치·도치·강조 11%
능동태·수동태 11%
동사의 종류 7%
수 일치 7%
관계절 7%
그 외 44%

독해 구문을 정확하게 해석하고 지문의 내용을 빠르게 파악해야 합니다.

독해 영역에서는 빈칸 완성, 주제·제목·요지·목적 파악, 내용 일치·불일치 파악 유형의 출제 비중이 높은 편이며, 최근에는 추론과 논리적 흐름 파악 유형의 출제가 증가하고 있습니다.

대비전략

독해 영역은 공무원 영어 시험에서 가장 큰 비중을 차지하기 때문에 독해 학습에서는 빠르고 정확하게 정답을 찾는 방법을 익히는 것이 가장 중요합니다. 따라서, 문제 유형별로 문제풀이 전략을 익히고 문제를 풀 때 이를 적용해보는 훈련을 꾸준히 하는 것이 좋습니다.

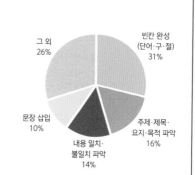

빈칸 완성
(단어·구·절)
31%

그 외
26%

주제·제목·
요지·목적 파악
16%

내용 일치·
불일치 파악
14%

문장 삽입
10%

어휘 단어, 표현, 생활영어까지 모든 유형을 대비하기 위해 폭넓게 학습해야 합니다.

어휘 영역에서는 어휘, 표현, 생활영어 문제가 고르게 출제되며 유의어 찾기 유형의 비중이 증가하고 있습니다. 지문과 보기에 사용된 어휘의 수준은 수능 영어 수준에서부터 고난도 수준까지 매우 다양합니다.

대비전략

어휘 학습에서는 유의어와 파생어 등을 폭넓게 암기해 어휘의 양을 늘리는 것이 중요하며, 의미는 서로 다르지만 형태가 비슷하여 혼동하기 쉬운 표현들도 함께 알아 두는 것이 필요합니다. 생활영어 문제에 대비하기 위해서는 상황별·주제별 관용 표현이나 속담을 암기하는 것이 좋습니다.

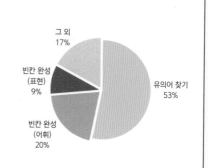

그 외
17%

빈칸 완성
(표현)
9%

유의어 찾기
53%

빈칸 완성
(어휘)
20%

1. 우리말을 영어로 잘 옮긴 것 또는 잘못 옮긴 것 고르기

주어진 우리말을 영어로 잘 옮긴 것 또는 잘못 옮긴 것을 고르는 문제입니다. 우리말 문장 4~5개 각각을 영작한 영어 문장 4~5개가 주어지는 문제와 우리말 한 문장을 영작한 영어 문장 4~5개가 주어지는 문제가 있습니다.

문 8. 우리말을 영어로 잘못 옮긴 것은?　　　　　　　　　　　　　　[2020년 지방직 9급]

① 보증이 만료되어서 수리는 무료가 아니었다.
　→ Since the warranty had expired, the repairs were not free of charge.
② 설문지를 완성하는 누구에게나 선물카드가 주어질 예정이다.
　→ A gift card will be given to whomever completes the questionnaire.
③ 지난달 내가 휴가를 요청했더라면 지금 하와이에 있을 텐데.
　→ If I had asked for a vacation last month, I would be in Hawaii now.
④ 그의 아버지가 갑자기 작년에 돌아가셨고, 설상가상으로 그의 어머니도 병에 걸리셨다.
　→ His father suddenly passed away last year, and, what was worse, his mother became sick.

해설　보기를 읽고 어법상 옳지 않은 부분이 있는지 확인합니다. 주어가 없는 불완전한 절(completes the questionnaire)을 이끌며 동사(completes)의 주어 자리에 올 수 있는 것은 주격 복합관계대명사이므로 목적격 복합관계대명사 whomever를 주격 복합관계대명사 whoever로 고쳐야 합니다. 따라서 ②번이 정답입니다.

문 16. 우리말을 영어로 가장 잘 옮긴 것은?　　　　　　　　　　　　[2019년 지방직 7급]

문화를 연결해 주는 교차로 중 하나인 하와이에서는 그 어느 곳보다 퓨전 요리가 더욱 눈에 띈다.

① Nowhere are fusion dishes more apparent than in Hawaii which is one of the crossroad places that bridge cultures.
② Nowhere are fusion dishes more apparent than in Hawaii where is one of the crossroad places that bridges cultures.
③ Nowhere fusion dishes are more apparent than in Hawaii where is one of the crossroad places that bridge cultures.
④ Nowhere fusion dishes are more apparent than in Hawaii which is one of the crossroad places that bridges cultures.

해설　보기를 읽고 어법상 옳지 않은 부분이 있는지 확인합니다. 부정을 나타내는 부사(Nowhere)가 강조되어 문장 맨 앞에 나오면 주어와 동사가 도치되어 '부사(Nowhere) + 동사(are) + 주어(fusion dishes)'의 어순으로 나타낼 수 있으므로 Nowhere are fusion dishes로 나타낸 ①, ②번이 정답의 후보입니다. 선행사 Hawaii가 사물이고 관계절 내에서 동사 is의 주어 역할을 하므로 사물을 가리키는 주격 관계대명사 which를 사용하여 바르게 나타낸 ①번이 정답입니다.

2. 지문에서 밑줄 친 부분 중 어법상 틀린 것 또는 옳은 것 고르기

지문의 밑줄 친 4~5개의 보기 중 어법상 틀린 것 또는 옳은 것을 고르는 문제입니다.

문 7. 밑줄 친 부분 중 어법상 옳지 않은 것을 고르시오. [2019년 국가직 9급]

> Domesticated animals are the earliest and most effective 'machines' ① available to humans. They take the strain off the human back and arms. ② Utilizing with other techniques, animals can raise human living standards very considerably, both as supplementary foodstuffs (protein in meat and milk) and as machines ③ to carry burdens, lift water, and grind grain. Since they are so obviously ④ of great benefit, we might expect to find that over the centuries humans would increase the number and quality of the animals they kept. Surprisingly, this has not usually been the case.

해설 문맥상 주절의 주어 animals와 분사구문이 '가축들이 다른 기술들과 함께 활용되다'라는 의미의 수동 관계이므로 ②번의 현재분사 Utilizing을 과거 분사 Utilized로 고쳐야 합니다.

3. 어법상 빈칸에 적절한 것 고르기

빈칸에 들어갈 어법상 가장 적절한 보기를 고르는 문제입니다. 빈칸이 하나인 문제가 출제되며, 빈칸이 2~4개인 문제가 출제되기도 합니다.

문 4. 다음 밑줄 친 부분에 들어갈 가장 적절한 표현은? [2017년 국회직 9급]

> When the detective interrogated Steve about the incident, he remembered _____ a black figure passing by. But he couldn't be sure of what it was.

① seen   ② to see
③ seeing   ④ being seen
⑤ to be seen

해설 동사 remember는 동명사나 to 부정사를 모두 목적어로 취할 수 있는 동사인데, '~한 것을 기억하다'라는 과거의 의미를 나타낼 때는 동명사를 목적 어로 취하며, 문맥상 '본 것을 기억했다'라는 과거의 의미가 되어야 자연스러우므로, 동사 remember의 목적어로 동명사 ③ seeing이 정답입니다.

4. 어법상 옳은 문장 또는 옳지 않은 문장 고르기

주어진 4~5개의 영어 문장 중 문법적으로 옳은 문장 또는 옳지 않은 문장을 고르는 문제입니다.

문 11. 어법상 가장 옳지 않은 것은? [2019년 서울시 7급(2월 추가)]

① For years, cosmetic companies have been telling women that beauty is a secret to success.
② You can spend an afternoon or an entire day driving on a racetrack in a genuine race car.
③ Although it survived the war, the Jules Rimet trophy was stolen from a display case in England just before the World Cup of 1966.
④ Young children's capability of recognizing and discussing these issues are important because those who do so have reduced levels of prejudice.

해설 문장의 주어 자리에 단수 명사 Young children's capability가 왔으므로 ④번의 복수 동사 are를 단수 동사 is로 고쳐야 합니다. 주어와 동사 사 이의 수식어 거품(of recognizing ~ issues)은 동사의 수 결정에 영향을 주지 않습니다.

해커스공무원에서 제공하는 합격 가능성을 높이는 프리미엄 콘텐츠!

01
공무원 학원 및 시험 정보·동영상강의 (gosi.Hackers.com)

공무원 학원 및 시험에 관한 각종 정보 및 다양한 무료 자료, 교재별 핵심정리 동영상강의 및 실전 문제풀이 동영상 강의 등을 제공합니다.

02
무료 문법·독해·어휘 동영상 강의 (gosi.Hackers.com)

공무원 영어 학습자들이 꼭 알아야 할 개념을 혼자서도 완벽하게 정복할 수 있도록 무료 동영상강의를 제공합니다.

03
해커스 회독증강 콘텐츠

합격을 위해 꼭 필요한 '회독'의 방법과 공부 습관을 제시하는 해커스 회독증강 콘텐츠를 제공합니다.

04
단어시험지 자동제작 프로그램 (gosi.Hackers.com)

해커스공무원 영어 어휘 단어시험지 자동생성기를 통해 맞춤형 시험지로 공무원 영어 어휘를 학습 및 복습할 수 있습니다.

05
무료 공무원 보카 어플

공무원 영어 기출 어휘로 구성된 단어 암기 어플을 통해 언제 어디서든 편리하게 기출 어휘를 학습할 수 있습니다.

06
합격예측 모의고사

실제 시험과 가장 유사한 난이도와 시험장 분위기로 실전대비가 가능하며, 당일 해설 강의를 제공하여 출제포인트를 명쾌하게 이해할 수 있습니다.

해커스공무원

영어 문법

고득점
핵심노트

해커스공무원

Contents

Contents

Section ❺ 접속사와 절

Section ❻ 어순과 특수구문

 교재 활용 Tip!

1. 이론을 조금 더 자세히 학습하고 싶다면?

더 자세한 개념 설명과 예문을 학습하고 싶으실 경우에는 <해커스공무원 영어 문법> 교재를 함께 학습하여 보세요.

2. 학습한 이론과 관련된 문제들을 많이 풀어보고 싶다면?

<해커스공무원 영어 고득점 문법 777제> 교재를 함께 학습하며 핵심 문법들을 문제에 적용하는 연습을 해 보세요.

책의 특징과 구성

01 핵심 문법만 선별하여 간결하게 정리했습니다.

<해커스공무원 영어 문법 고득점 핵심노트>는 수험생들이 보다 효율적으로 영문법을 학습할 수 있도록 방대한 공무원 영문법 중 핵심 포인트를 선별하여 핵심노트 한 권으로 정리했습니다.

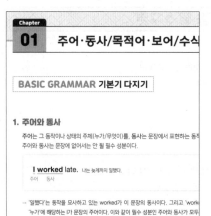

BASIC GRAMMAR
본격적으로 기출포인트를 학습하기 전 각 챕터별 BASIC GRAMMAR를 통해 기초가 되는 주요 문법 개념을 미리 알아볼 수 있습니다.

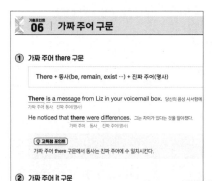

기출포인트 & 고득점 포인트
공무원 영어 시험에 빈출되는 문법을 기출포인트별로 학습하고 한 단계 더 나아간 고난도 문법 개념을 정리한 고득점 포인트를 통해 고득점의 기반을 완벽하게 다질 수 있습니다.

02 기출문제를 통해 학습한 내용을 바로 문제에 적용해 볼 수 있습니다.

실제 공무원 영어 문법 기출문제를 수록한 '기출로 체크'와 챕터별 대표 기출문제를 담고 있는
'포인트 적용 기출문제'를 통해 앞서 학습한 기출포인트를 문제에 바로 적용하고 실전 감각을 키울
수 있습니다.

기출로 체크

실제 기출문제를 수록한 기출로 체크 문제를 풀어보며
실제 시험에서 해당 포인트가 어떻게 문제에 적용되었는
지 확인할 수 있습니다.

포인트 적용 기출문제

챕터별 대표 기출문제를 풀어보며 학습한 문법 이론을
문제에 적용해 보고, 실전 감각을 높일 수 있습니다. 각 문
제의 해설에도 모든 보기의 정/오답 기출포인트를 기재하
여 관련 문법을 쉽게 학습 및 복습할 수 있습니다.

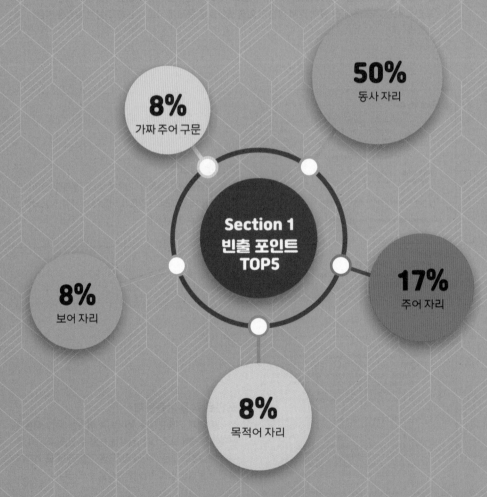

Section ① 문장 성분

주어·동사/목적어·보어/수식어

BASIC GRAMMAR 기본기 다지기

1. 주어와 동사

주어는 그 동작이나 상태의 주체(누가/무엇이)를, **동사**는 문장에서 표현하는 동작이나 상태를 가리키는 말이다. 주어와 동사는 문장에 없어서는 안 될 필수 성분이다.

I worked late. 나는 늦게까지 일했다.
주어 　 동사

→ '일했다'는 동작을 묘사하고 있는 worked가 이 문장의 동사이다. 그리고 'worked'한 주체, 즉 누가 일했는지의 '누가'에 해당하는 I가 문장의 주어이다. 이와 같이 필수 성분인 주어와 동사가 모두 있어야 올바른 문장이 된다.

2. 목적어

목적어는 동사가 나타내는 동작의 대상이 되는 말이다.

He plays **tennis**. 그는 테니스를 한다.
　 동사 　 목적어

→ 동사 play(plays)의 대상인 tennis가 이 문장의 목적어이다. 목적어 tennis가 없다면 무엇을 하는지 알 수 없어 의미가 완전하지 않으므로 틀린 문장이 되며, 이렇게 목적어를 반드시 필요로 하는 동사를 타동사라 한다.

3. 보어

보어는 주어나 목적어를 보충해 주는 말이다.

Whales are **mammals**. 고래는 포유류이다.
　　　　　주격 보어　　　*주어의 성질을 보충 설명하는 주격 보어

→ mammals는 주어(Whales)를 보충하는 주격 보어이다. 보어 mammals가 없다면 주어(Whales)가 무엇인지 알 수 없다.

They made Tom **the new manager**. 그들은 Tom을 새 관리자로 임명했다.
　　　　　　　목적격 보어　　　*목적어의 상태를 보충 설명하는 목적격 보어

→ the new manager는 목적어(Tom)를 보충하는 목적격 보어이다. 보어 the new manager가 없다면 목적어(Tom)가 어떠한 상황에 있는지 알 수 없다.

4. 수식어

수식어는 문장에 부가적인 의미를 더해 주며, 문장에 없어도 되는 부가 성분이다.

We are traveling **in France**. 우리는 프랑스에서 여행하고 있다.
　　　　　　　수식어

→ 주어와 동사 We are traveling은 문장에 없어서는 안 될 필수 성분이다. 수식어 in France는 필수 성분으로 이뤄진 문장(우리는 여행하고 있다)에 '어디' 즉, 장소에 대한 부가적인 의미를 더해주고 있다. We are traveling만으로 올바른 문장이 되므로, in France와 같은 성분을 '수식어 거품'이라고 부르기도 한다.

① 주어 자리에 올 수 있는 것

> 명사(구), 대명사, 동명사(구)
> to 부정사(구), 명사절
> ⎤ 명사 역할을 하는 것

명사구	**The shopping mall** is closed for remodeling. 그 쇼핑몰은 리모델링을 위해 문을 닫았다.
대명사	**She** is the president of the finance firm. 그녀는 금융 회사의 회장이다.
동명사구	**Taking vitamins** improves your health. 비타민을 복용하는 것은 당신의 건강을 향상시킨다.
to 부정사구	**To enter college** requires good grades. 대학에 입학하는 것은 좋은 성적을 필요로 한다.
명사절	**That the store has closed** is unfortunate. 그 가게가 문을 닫은 것은 유감이다.

📖 **기출로 체크**

우리말을 영어로 잘못 옮긴 부분이 있다면 바르게 고치세요. [2019년 국가직 9급]

지난여름 나의 사랑스러운 손자에게 일어난 일은 놀라웠다.
→ What happened to my lovely grandson last summer was amazing.

[정답] 맞는 문장

① 동사 자리에 올 수 있는 것

> 동사, 조동사 + 동사원형

* 'to + 동사원형'이나 '동사원형 + -ing'는 동사 자리에 올 수 없다.

The students (**play** / **will play** / ~~playing~~ / ~~to play~~) basketball in the park.
　　　　　　 동사(○) / 조동사+동사원형(○) / 동명사(X) / to 부정사(X)

그 학생들은 공원에서 농구를 한다/할 것이다.

② 동사 자리에서 주의해야 할 것

> 수(단수/복수), 시제(현재/과거/미래/진행/완료 시제), 태(능동태/수동태)

수　　Several artists **work** in the design studio.　몇몇 예술가들은 디자인 스튜디오에서 일한다.
　　　복수 주어　　복수 동사

시제　The average price of a computer nowadays **is** $800.　요즘 컴퓨터의 평균 가격은 800달러이다.
　　　　　　　　　　　　　　　　　　　 현재 시간 표현　현재 동사

태　　The mayor's decision **was announced** in the newspaper.　시장의 결의문이 신문에 발표되었다.
　　　주어　　　　　　　　　 수동태

주어·동사/목적어·보어/수식어

Chapter 01

해커스공무원 영어 문법 기특점 책심노트

📖 **기출로 체크**

어법상 틀린 부분이 있다면 바르게 고치세요.　　　　　　　　　　　　　[2017년 법원직 9급]

Much of what happens to us when we feel nervous, such as getting sweaty hands or feeling dry
in the mouth, being uncontrollable.
손에 땀이 나거나 입이 마르는 것과 같이 우리가 긴장할 때 우리에게 일어나는 일의 많은 부분은 통제가 불가능하다.

[정답] being ⇒ is

① 목적어 자리에 올 수 있는 것

> 명사(구), 대명사, 동명사(구)
> to 부정사(구), 명사절 ┐ 명사 역할을 하는 것

명사구	I bought **a chicken sandwich** at the bakery. 나는 그 빵집에서 치킨 샌드위치를 샀다.
대명사	She drove **us** to the airport. 그녀는 우리를 공항까지 차로 데려다 주었다.
동명사구	Mary finished **painting a picture of the sunset**. Mary는 일몰 그림을 그리는 것을 마쳤다.
to 부정사구	My brother decided **to join a baseball team**. 나의 형제는 야구팀에 합류하기로 결정했다.
명사절	The reporter predicts **that it will rain tonight**. 리포터는 오늘 밤 비가 올 것이라고 예보한다.

② 가짜 목적어 it이 쓰인 문장의 구조

> 주어 + 동사 + 가짜 목적어 it + 목적격 보어 + 진짜 목적어 ┌ to 부정사구
> └ that절

She found **to select a topic for her thesis** hard. [X]
주어　동사　　　진짜 목적어(to부정사구)　　　　목적격 보어

She found **it** hard **to select a topic for her thesis**. [O]
주어　동사　목적격 보어　　진짜 목적어(to부정사구)

그녀는 그녀의 논문을 위해 하나의 주제를 고르는 것이 어렵다고 생각했다.

📖 **기출로 체크**

어법상 틀린 부분이 있다면 바르게 고치세요. [2017년 지방직 9급(12월 추가)]

Top software companies are finding increasingly challenging to stay ahead.
최고의 소프트웨어 회사들은 계속 앞서 있는 것이 점점 더 힘든 일임을 깨닫고 있다.

[정답] are finding ⇒ are finding it

기출포인트 04 | 보어 자리

출제빈도 ★★

① 보어 자리에 올 수 있는 것

명사(구), 대명사, 동명사(구) to 부정사(구), 명사절	명사 역할을 하는 것
형용사, 분사	형용사 역할을 하는 것

* 보어 자리에 부사나 동사는 올 수 없다.

명사구	Kevin was **the winner of the contest.** Kevin이 그 대회의 우승자였다.
동명사구	My goal is **getting a job after graduation.** 나의 목표는 졸업 후에 직업을 가지는 것이다.
to 부정사구	Her dream is **to open a shop in Italy.** 그녀의 꿈은 이탈리아에서 가게를 여는 것이다.
명사절	My wish is **that the rain stops soon.** 내 바람은 비가 곧 멈추는 것이다.
형용사	You seemed **angry** yesterday. 너는 어제 화가 난 것 같았다.
분사	I will have a meeting **scheduled** right away. 제가 즉시 회의 일정이 잡히도록 하겠습니다.

② 보어를 갖는 동사

주격 보어를 갖는 동사	be ~이다, ~이 되다 remain 여전히/계속 ~이다 feel ~처럼 느끼다 smell ~한 냄새가 나다 become/get/grow/turn ~이 되다, ~해지다	go ~해지다, ~하러 가다 keep 계속해서 ~하다 sound ~하게 들리다 taste ~한 맛이 나다 look/seem/appear ~처럼 보이다
목적격 보어를 갖는 동사	make ~을 -으로 만들다 leave ~을 -한 채로 남겨두다	find ~이 -임을 알게 되다 keep ~을 계속 -하게 하다

The night air **feels** <u>warm</u> for this time of year. 밤 공기는 일 년 중 이맘때 따뜻하게 느껴진다.
                주격 보어

A hurricane **left** the area <u>flooded</u> for days. 폭풍은 그 지역을 며칠 동안 물에 잠긴 채로 남겨두었다.
                   목적격 보어

📖 **기출로 체크**

어법상 틀린 부분이 있다면 바르게 고치세요. [2021년 지방직 9급]

My sweet-natured daughter suddenly became unpredictably.
나의 다정한 딸은 갑자기 종잡을 수 없게 되었다.

[정답] unpredictably ⇒ unpredictable

① 수식어 거품 자리에 올 수 있는 것

> 전치사구, to 부정사구, 분사구(문), 관계절, 부사절

전치사구	**At the restaurant**, She ordered a salad. 식당에서, 그녀는 샐러드를 주문했다.
to 부정사구	We bought a stereo **to listen to music**. 우리는 음악을 듣기 위해 스테레오를 샀다.
분사구(문)	The sheet **posted on the door** is the schedule. 문에 게시되어 있는 종이는 일정표이다.
관계절	She paid the man **who mowed her lawn**. 그녀는 잔디를 깎은 남자에게 돈을 지불했다.
부사절	**Before my son watched TV**, he ate dinner. 내 아들은 TV를 보기 전에 저녁을 먹었다.

🔆 고득점 포인트
필수 성분을 모두 갖춘 완전한 절의 앞뒤에는 접속사로 연결된 절이나, 수식어 거품만 더해질 수 있다.

② 수식어 거품이 오는 위치

● + 주어 + 동사   **Although I can't hear it clearly**, the song sounds familiar.
　　　　　　　　　　　　　　수식어 거품(부사절)　　　　　　　　　주어　　　　동사
뚜렷하게 들리지는 않아도, 그 노래는 익숙하게 들린다.

주어 + ● + 동사   The electricians **working on the elevators** are taking a break.
　　　　　　　　　　　주어　　　　　　수식어 거품(분사구)　　　　　동사
엘리베이터 작업을 하는 전기 기술자들은 휴식을 취하고 있다.

주어 + 동사 + ●   She couldn't attend the party **that her company had organized**.
　　　　　　　　　　주어　　　　동사　　　　목적어　　　　　수식어 거품(관계절)
그녀는 회사가 준비한 파티에 참석할 수 없었다.

📖 기출로 체크

어법상 틀린 부분이 있다면 바르게 고치세요.　　　　　　　　　　　　　　　　[2013년 서울시 9급]

Since then, some seventy cities, the largest are Harappa and Mohenjo-Daro, have been identified.
그 이후로, 가장 큰 것이 하라파와 모헨조다로인, 약 70개의 도시들이 확인되었다.

[정답] are ⇒ being

기출포인트 06 | 가짜 주어 구문

출제빈도 ★★

① 가짜 주어 there 구문

> There + 동사(be, remain, exist …) + 진짜 주어(명사)

There is a message from Liz in your voicemail box. 당신의 음성 사서함에 Liz로부터 온 메시지가 있습니다.
가짜 주어 동사 진짜 주어(명사)

He noticed that **there** were differences. 그는 차이가 있다는 것을 알아챘다.
　　　　　　　　가짜 주어　동사　진짜 주어(명사)

> **고득점 포인트**
> 가짜 주어 there 구문에서 동사는 진짜 주어에 수 일치시킨다.

② 가짜 주어 it 구문

> It + 동사 (+ 보어) + 진짜 주어 ⌈ to 부정사구
> 　　　　　　　　　　　　⌊ that절

It is important to get the manager's permission first. 먼저 관리자의 허가를 받는 것이 중요하다.
가짜 주어　　　　　진짜 주어(to부정사구)

It is company policy that all construction workers must wear hard hats.
가짜 주어　　　　　　　　진짜 주어(that절)

모든 건설 작업자들이 안전모를 착용해야 하는 것이 회사의 방침이다.

> **고득점 포인트**
> 가짜 주어 it은 사람·사물·시간·장소 등을 강조할 때 that과 함께 쓰여 'It – that' 강조 구문을 만들 수 있다. 'It – that' 강조 구문에 대해서는 Chapter 21에서 자세히 다룬다.

기출로 체크

어법상 틀린 부분이 있다면 바르게 고치세요. [2015년 지방직 7급]

He is alleged that he has hit a police officer.
그가 경찰관을 때렸다는 혐의가 제기되고 있다.

[정답] He ⇒ It

포인트 적용 기출 문제 (Chapter 01)

01 다음 밑줄 친 부분 중 어법상 옳지 않은 것은?　　　　　[2018년 국회직 9급]

> ① Affording a home in one of Britain's opulent seaside towns has long been way out of reach, even for ② the moderately rich. But now it seems that house prices in two of the smartest resorts have tumbled significantly in the last year. In the boating haven of Salcombe in South Devon, prices ③ have fallen 8.2%, according to the Halifax. And in Sandbanks in Dorset, ④ renowned for being the UK's most expensive resort, prices ⑤ being down 5.6%.

02 밑줄 친 부분 중 어법상 옳지 않은 것은?　　　　　[2015년 서울시 7급]

> It's time for Major League Baseball to go to an expanded roster, one ① that makes sense for the way the game has evolved. Make it a 25-man game roster, but expand the overall roster to 28. Major League Baseball spokesman Pat Courtney said there ② has been discussions on the topic but nothing has been advanced. Yet the dialogue continues, and ③ as the game evolves into one in which players keep getting hurt, it would behoove MLB ④ to create a roster that fits the times.

01 | 기출포인트 | 동사 자리   정답 ⑤

| 해설 | 절에는 반드시 주어와 동사가 있어야 하는데, 동사 자리에는 '동사'나 '조동사 + 동사원형'이 와야 하므로 '동사원형 + ing' 형태인 being을 과거 동사 went로 고쳐야 한다.

| 오답
분석 | ① | 기출포인트 | **주어 자리** 명사 역할을 하며 주어 자리에 올 수 있는 동명사구 Affording a home이 주어 자리에 올바르게 쓰였다.

② | 기출포인트 | **정관사 the** 전치사(for)의 목적어 자리에는 명사 역할을 하는 것이 와야 하므로, 'the + 형용사' (~한 사람들/것들)의 형태로 복수 명사 역할을 하는 the rich가 올바르게 쓰였다.

③ | 기출포인트 | **현재완료 시제** 문맥상 '가격은 8.2% 떨어졌다'라는 현재에 완료된 일을 표현하고 있으므로, 현재완료 시제 have fallen이 올바르게 쓰였다.

④ | 기출포인트 | **수식어 거품 자리** Sandbanks in Dorset를 수식하는 수식어 거품(renowned ~ resort)이 올바르게 쓰였다.

| 해석 | 영국의 호화로운 해변 마을들 중 하나에서 집을 사는 것은 적당히 부유한 사람들에게도 오랫동안 아주 도달할 수 없는 것이었다. 하지만, 이제 가장 고급인 휴양지 중 두 곳의 집값이 작년에 상당히 폭락한 것으로 보인다. Halifax에 의하면 South Devon에 있는 Salcombe의 뱃놀이 항구에서 가격은 8.2% 떨어졌다. 그리고 영국의 가장 비싼 휴양지로 유명한 Dorset의 Sandbanks에서 가격은 5.6% 떨어졌다.

| 어휘 | opulent 호화로운, 부유한 moderately 적당히, 중간 정도로 tumble 폭락하다 renowned for ~으로 유명한

02 | 기출포인트 | 가짜 주어 구문   정답 ②

| 해설 | 'there + 동사 + 진짜 주어'에서 동사는 진짜 주어(discussions)에 수 일치시켜야 하므로 단수 동사 has been을 복수 동사 have been으로 고쳐야 한다.

| 오답
분석 | ① | 기출포인트 | **관계대명사** 선행사(one)가 사물(roster)을 가리키고, 관계절 내에서 주어 역할을 하므로, 주격 관계대명사 that이 올바르게 쓰였다.

③ | 기출포인트 | **부사절 접속사 2: 이유** 절(the game ~ hurt)과 절(it would ~ times)은 접속사 없이 콤마(,)로 연결될 수 없고, 문맥상 '경기(야구)가 선수들이 계속 부상을 당하는 것(경기)으로 변화하고 있기 때문에'라는 의미가 되어야 자연스러우므로 이유를 나타내는 부사절 접속사 as(~ 때문에)가 올바르게 쓰였다.

④ | 기출포인트 | **to 부정사를 취하는 동사** 동사 behoove(~할 필요가 있다)는 to 부정사를 목적격 보어로 취하는 5형식 동사이므로 to 부정사 to create가 올바르게 쓰였다.

| 해석 | 이제는 메이저리그 야구가 경기가 변화되어온 방식에 맞는 확장된 선수 명단을 받아들일 때이다. 경기 참가 선수 명단은 25명으로 하되, 전체 선수 명단을 28명으로 확장하라. 메이저리그 야구 대변인인 Pat Courtney는 그 주제에 대한 논의가 있어왔지만 진척은 없었다고 말했다. 그러나 토의는 계속되고 있고 경기는 선수들이 계속 부상을 당하는 것으로 변화하고 있기 때문에, MLB는 시대에 맞는 선수 명단을 만들 필요가 있을 것이다.

| 어휘 | roster (팀의) 선수 명단 evolve 변화하다, 발달하다 spokesman 대변인 advance 진척시키다 fit 맞다, 적합하다

16%
능동태·수동태 구별

11%
주어와 동사의
수 일치

Section 2
빈출 포인트
TOP5

11%
시제 일치

14%
5형식 동사

14%
수동태로 쓸 수
없는 동사

Section ❷
동사구

02 동사의 종류

BASIC GRAMMAR 기본기 다지기

1. 자동사와 타동사

종류	특징
자동사	목적어 필요 없음
타동사	목적어 필요

The woman **walked** through the park. 그 여자는 공원을 가로질러 걸었다.
　　　　　　자동사

→ '걷다'를 뜻하는 동사 walked(walk의 과거형)는 목적어 없이도 의미가 완전한 자동사이다.

The woman **opened** a window. 그 여자는 창문을 열었다.
　　　　　　타동사　　목적어

→ '열다'를 뜻하는 동사 opened(open의 과거형)는 '무엇'을 열었는지 대상을 나타내는 목적어(a window) 없이는
　 문장의 의미가 완전해지지 않는 타동사이다.

2. 자·타동사와 문장의 5형식

문장의 종류	문장의 형태	
1형식	주어 + 자동사	자동사
2형식	주어 + 자동사 + 주격 보어	
3형식	주어 + 타동사 + 목적어	타동사
4형식	주어 + 타동사 + 간접 목적어(~에게) + 직접 목적어(~을)	
5형식	주어 + 타동사 + 목적어 + 목적격 보어	

1형식   The flight arrives at 4:30 p.m. 그 비행기는 오후 4시 30분에 도착한다.
               주어   자동사

2형식   The Statue of Liberty is a national landmark. 자유의 여신상은 국가적인 명소이다.
               주어   자동사   주격 보어

3형식   We ordered new furniture. 우리는 새 가구를 주문했다.
            주어   타동사   목적어

4형식   Bill told his doctor the problem. Bill은 의사에게 그 문제를 말했다.
            주어 타동사 간접 목적어   직접 목적어

5형식   Businesses consider the Internet good for advertising.
               주어   타동사   목적어   목적격 보어
       기업들은 인터넷이 광고에 적합하다고 생각한다.

① 자동사의 종류

1형식 동사	fly 날다 sit 앉다 matter 중요하다 occur 발생하다 appear 나타나다 rank (등급을) 차지하다	lie 눕다 work 일하다, 효과가 있다 count 중요하다 arise 발생하다 disappear 사라지다	run 달리다 do 충분하다 happen 발생하다 emerge 나타나다 last 지속되다
2형식 동사	be ~이다 feel ~처럼 느끼다 smell ~한 냄새가 나다	become ~이 되다 sound ~처럼 들리다 taste ~한 맛이 나다	seem ~처럼 보이다 look ~처럼 보이다

My article **appeared** in the newspaper. 내 기사가 신문에 났다.
　　　　　 ‾‾‾‾‾‾‾‾
　　　　　 1형식 동사

He **seemed** frustrated. 그는 좌절한 것처럼 보인다.
　 ‾‾‾‾‾‾‾ ‾‾‾‾‾‾‾‾‾
　 2형식 동사　　보어

② 자동사 + 전치사 + 목적어

You should (**reply to**, ~~reply~~) this letter within 30 days. 당신은 이 편지에 30일 이내에 답해야 한다.
→ 자동사(reply)는 바로 뒤에 목적어를 취할 수 없으며, 전치사(to)가 있어야만 목적어(this letter)를 취할 수 있다.

③ 특정 전치사와 자주 쓰이는 자동사

to	agree to (의견)에 동의하다 reply to ~에 대답하다	belong to ~에 속하다	object to ~에 반대하다
for	account for ~을 설명하다	look for ~을 찾다	wait for ~을 기다리다
with	agree with (사람)에게 동의하다 cooperate with ~와 협력하다	comply with ~을 따르다	deal with ~을 다루다
from	differ from ~과 다르다 suffer from ~으로 고통받다	refrain from ~을 삼가다	arise from ~에서 발생하다
in	engage in ~에 종사하다 result in ~을 초래하다	participate in ~에 참여하다	succeed in ~에 성공하다
of	approve of ~을 인정하다 think of ~을 생각하다	consist of ~으로 구성되다	dispose of ~을 처분하다
기타	feast on ~을 마음껏 먹다 improve upon ~을 더 낫게 하다	recede into ~로 물러나다	ponder over ~을 생각하다

I **agree with** experts who say we should conserve water.
나는 물을 절약해야 한다고 말하는 전문가들에게 동의한다.

All of these books **belong to** my brother. 이 모든 책은 내 남동생의 것이다.

동사의 종류

Chapter 02

해커스공무원 영어 **문법 고득점 핵심노트**

기출로 체크

어법상 틀린 부분이 있다면 바르게 고치세요. [2018년 서울시 7급 (6월 시행)]

Most people do not refrain into following emergency measures, so that they can survive even through severe hurricanes.
대부분 사람들은 심각한 허리케인에도 생존할 수 있도록 긴급 조치를 따르는 것을 삼가지 않았다.

[정답] refrain into ⇒ refrain from

① 타동사 + 목적어

타동사는 목적어를 반드시 취해야 하며, 타동사 뒤에는 전치사 없이 목적어가 바로 온다.

I **requested** ~~for~~ extra supplies for the staff. 나는 직원들을 위해 추가 물품을 요청했다.
    타동사   목적어

When the phone rings, I'm the one who **answers** ~~to it~~. 전화벨이 울리면, 내가 전화를 받는 사람이다.
                                  타동사   목적어

② 의미상 자동사로 착각하기 쉬운 타동사

discuss ~에 대해 토론하다	explain ~에 대해 설명하다	address ~에게 연설하다
greet ~에게 인사하다	resemble ~와 닮다	join ~와/~에 합류하다
accompany ~와 함께 하다	survive ~보다 오래 살다	attend ~에 참석하다
inhabit ~에 살다	obey ~에 복종하다	affect ~에 영향을 미치다

They **will discuss** ~~about~~ environmental issues. 그들은 환경 문제들에 대해 토론할 것이다.
        타동사   목적어

→ discuss는 '~에 대해 토론하다'라는 뜻을 가진 타동사이므로 전치사(about)와 함께 쓸 수 없다.

I **resemble** ~~with~~ my father in appearance. 나는 외모가 아버지와 닮았다.
  타동사   목적어

→ resemble은 '~와 닮다'라는 뜻을 가진 타동사이므로 전치사(with)와 함께 쓸 수 없다.

③ 특정 전치사(구)와 쓰이는 타동사

rid/rob/deprive ~에게서 -을 제거하다		+ of
deter/prevent/keep ~을 -으로부터 막다	+ 목적어	+ from
provide/supply/present ~에게 -을 제공하다		+ with

I have been **depriving** myself **of** sweets in an effort to lose weight.
　　　　　　　타동사　　　목적어　　　전치사구
나는 체중을 감량해보려는 노력으로 스스로에게 단 것을 허용하지 않고 있다.

Physician assistants **can provide** patients **with** some medical services.
　　　　　　　　　　타동사　　　목적어　　　　전치사구
의료 보조자들은 환자들에게 일부 의료 서비스를 제공할 수 있다.

The bad weather **kept** them **from** enjoying their weekend.
　　　　　　　타동사　목적어　　　　전치사구
나쁜 날씨가 그들을 주말을 즐기는 것으로부터 막았다.

📖 **기출로 체크**

우리말을 영어로 잘못 옮긴 것이 있다면 바르게 고치세요.　　　　　　　[2017년 지방직 9급 (12월 추가)]

내가 산책에 같이 갈 수 있는지 네게 알려줄게.
→ I will let you know if I can accompany with you on your walk.

[정답] accompany with ⇒ accompany

① 의미가 비슷해서 혼동하기 쉬운 자동사와 타동사

의미	자동사 + 전치사	타동사
말하다	speak to/about ~에게/~에 대해 말하다 talk to/about ~와/~에 대해 이야기하다	tell ~에게 말하다 discuss ~에 대해 토론하다 mention ~에 대해 말하다 explain ~에 대해 설명하다
답하다	respond to ~에 답하다 reply to ~에 답하다	answer ~에 답하다
반대하다	object to ~에 반대하다 rebel against ~에 대항하다	oppose ~에 반대하다 resist ~에 저항하다
기타	arrive at/in ~에 도착하다 participate in ~에 참여하다 agree with/to ~에(게) 동의하다 wait for ~을 기다리다 complain about ~에 대해 불평하다	reach ~에 도착하다 approach ~에 접근하다 enter ~에 들어가다 resemble ~을 닮다 contact ~에게 연락하다 marry ~와 결혼하다

He **talked** about the electricity bill with his landlord. 그는 집주인과 전기 요금에 대해 이야기했다.
　　　自동사　전치사

The coach **told** the players to arrive early. 그 코치는 선수들에게 일찍 도착하라고 말했다.
　　　　타동사　　목적어

② 형태가 비슷해서 혼동하기 쉬운 자동사와 타동사

자동사 + 전치사	타동사
lie - lay - lain 놓여있다, 눕다 lie - lied - lied 거짓말하다	lay - laid - laid ~을 놓다, ~을 두다, (알을) 낳다
sit - sat - sat 앉다	seat - seated - seated ~을 앉히다
rise - rose - risen 떠오르다	raise - raised - raised ~을 모으다, 올리다

The VIP guests will **sit** in rows one through ten. VIP 고객들은 1열에서 10열까지 앉을 것이다.
　　　　　　　　　자동사 전치사

Dr. Han **raises** money for medical research. Dr. Han은 의학 연구를 위해 돈을 모은다.
　　　　타동사　　목적어

The Sun **rises** from the East. 해는 동쪽에서 뜬다.
　　　　자동사　전치사

📖 **기출로 체크**

어법상 틀린 부분이 있다면 바르게 고치세요.　　　　　　　　　　　　　　　[2017년 국회직 9급]

If you are free now, I want to discuss about it with you.
만약 지금 네가 한가하다면, 나는 그것에 대해 너와 논의하고 싶다.

[정답] discuss about ⇒ discuss

① 4형식 동사로 자주 쓰이는 동사

send ~에게 -을 보내 주다	lend ~에게 -을 빌려주다	buy ~에게 -을 사주다
offer ~에게 -을 제공하다	owe ~에게 -을 빚지다	make ~에게 -을 만들어 주다
ask ~에게 -을 질문/요청하다		

The clerk offered **him a discount**. 점원은 그에게 할인을 제공했다.
　　　　　　　　　간접 목적어　직접 목적어

② 4형식 문장의 3형식 문장으로의 전환

■ 문장 구조

> 4형식 문장　주어 + 동사 + 간접 목적어(~에게) + 직접 목적어(~을/를)
>
> 3형식 문장　주어 + 동사 + 직접 목적어(~을/를) + 전치사 + 간접 목적어(~에게)

■ 4형식 문장의 3형식 전환 시 동사에 따라 사용되는 전치사

to	give ~을 주다 tell ~을 말해 주다 offer ~을 제공하다	lend ~을 빌려주다 send ~을 보내 주다 owe ~을 빚지다	bring ~을 가져다 주다 show ~을 보여 주다
for	buy ~을 사주다 prepare ~을 준비해 주다	make ~을 만들어 주다	choose ~을 골라주다
of	ask ~을 질문/요청하다	demand ~을 요구하다	require ~을 요구하다

4형식 문장　They offered Harold a free upgrade. 그들은 Harold에게 무료 업그레이드를 제공했다.
　　　　　　　　　　　　간접 목적어　　직접 목적어

3형식 문장　They offered a free upgrade **to Harold**. 그들은 Harold에게 무료 업그레이드를 제공했다.
　　　　　　　　　　　　직접 목적어　　　전치사 + 간접 목적어

③ 명사절(that절/의문사절)을 목적어로 갖는 3·4형식 동사 구분

3형식 동사	say / mention / announce suggest / propose / recommend explain / describe	(+ to 사람) + 목적어(that절/의문사절)
4형식 동사	tell / inform / notify assure / convince	+ 간접 목적어 + 직접 목적어(that절/의문사절)

He said (**to me**, ~~me~~) that he would quit school. 그는 나에게 학교를 그만둘 거라고 말했다.
　3형식 동사　　　　　　　　　　　목적어

John told (**his children**, ~~to his children~~) that he wanted them to set the table first.
　4형식 동사　　　　　　　　　　　　　　　　　　　직접 목적어

John은 그의 아이들에게 그들이 먼저 식탁 준비를 해놓기를 원한다고 말했다.

 기출로 체크

우리말을 영어로 잘못 옮긴 것이 있다면 바르게 고치세요.　　　　　　　　　[2015년 국가직 7급]

　토요일까지 돈을 갚을 수 있다면, 돈을 빌려줄게.
　→ I'll lend you with money provided you will pay me back by Saturday.

[정답] lend you with money ⇒ lend you money, will pay ⇒ pay

① 5형식 문장의 구조

5형식 문장의 목적격 보어는 동사에 따라 달라진다.

주어 + 동사 + 목적어 + 목적격 보어 ┌ 명사(구)
├ 형용사, 분사
├ to 부정사(구)
└ 동사원형

London citizens call the local subway **"the Tube"**.   런던 시민들은 그 지역의 지하철을 'Tube'라고 부른다.
　　　　　　　　　5형식 동사　　　　　　　　　　목적격 보어(명사)

I found the experience very **gratifying**.   나는 그 경험이 아주 만족스러웠다고 생각했다.
5형식 동사　　　　　　　　　　　목적격 보어(분사)

② to 부정사를 목적격 보어로 취하는 동사

want ~이 –하는 것을 원하다	**expect** ~이 –할 것을 기대하다
ask ~이 –할 것을 요청하다	**tell** ~에게 –하도록 이야기하다
cause ~이 –하게 (원인 제공)하다	**allow** ~이 –하게 허락하다
get ~이 –하게 시키다	**lead** ~이 –하게 이끌다
force ~이 –하게 강요하다	**compel** ~이 –하게 강요하다

The store doesn't allow customers **to exchange** items.
　　　　　　　　　　　　5형식 동사　　　　　　목적격 보어
그 가게는 손님들이 상품을 교환하게 허락하지 않는다.

> **☀ 고득점 포인트**
>
> 동사 get은 목적어와 목적격 보어가 수동 관계일때, 목적격 보어로 과거분사를 취할 수 있다.
> Focus means getting stuff done. [2018년 국가직 9급]
> 집중은 일을 완료하는 것을 의미한다.

③ 사역동사와 지각동사의 목적격 보어

사역동사	have ~이 –하게 시키다 make ~이 –하게 만들다 let ~이 –하도록 허락하다	+ 목적어 + 목적격 보어	동사원형: 목적어-목적격 보어가 능동 관계 과거분사: 목적어-목적격 보어가 수동 관계
지각동사	see/watch ~이 –하는 것을 보다 notice ~이 –하는 것을 알아채다 hear ~이 –하는 소리를 듣다 feel ~이 –하는 것을 느끼다	+ 목적어 + 목적격 보어	동사원형/현재분사: 목적어-목적격 보어가 능동 관계 과거분사: 목적어-목적격 보어가 수동 관계

Please **let** me **know** when you are available. 당신이 언제 시간이 있는지 제게 알려주세요.
　　　　사역동사　동사원형

I **had** my house **painted**. 나는 나의 집이 페인트칠 되게 했다.
사역동사　　　　　　과거분사

I **saw** Susan **walk(walking)** into the library. 나는 Susan이 도서관으로 걸어 들어가는 것을 보았다.
지각동사　　　　　동사원형/현재분사

> ☀️ **고득점 포인트**
>
> 사역 동사 let은 목적어와 목적격 보어가 수동 관계일 때 'let + 목적어 + be p.p.' 형태를 취한다.
> The parents **let** their children **be tested** for hearing problems.
> 부모들은 그들의 아이들이 청력 문제로 검사 받도록 허락했다.

📖 **기출로 체크**

어법상 틀린 부분이 있다면 바르게 고치세요. [2019년 지방직 7급]

Even dogs yawn in response to seeing their owners or even strangers to yawn.
심지어 개들도 그들의 주인 또는 낯선 사람들이 하품 하는 것을 보는 것에 대한 반응으로 하품한다.

[정답] to yawn ⇒ yawn/yawning

① 목적어 뒤에 'as + 명사'를 취하는 동사

regard ~을 -으로 여기다
view ~을 -이라고 보다
describe ~을 -으로 묘사하다
define ~을 -으로 정의하다
identify ~을 -으로 확인하다   + 목적어 + as + 명사
refer to ~을 -이라고 부르다
think of ~에 대해 -이라고 생각하다
conceive of ~을 -이라고 생각하다

Most people **regard** the custom house (as a historical agency, ~~a historical agency~~).
대부분의 사람들은 그 세관을 역사적인 기관으로 여긴다.

Most people today **describe** the cell phone (as an essential item, ~~an essential item~~).
오늘날 대부분의 사람들은 휴대 전화를 필수적인 물건이라고 말한다.

② 목적어 뒤에 '(to be) + 명사 · 형용사'를 취하는 동사

think ~이 -이라고 생각하다
believe ~이 -이라고 믿다   + 목적어 + (to be) + 명사 · 형용사

The early Greeks **believed** the earth **(to be)** flat.   초기 그리스인들은 지구가 평평하다고 믿었다.
                                 형용사

People **think** nightmares **(to be)** images of their fears.
                                     명사
사람들은 악몽이 그들이 가진 공포의 이미지라고 생각한다.

③ 목적어 뒤에 'as + 명사' 혹은 '(to be) + 명사·형용사'를 취하는 동사

> consider ~을 -으로 여기다
> certify ~을 -이라고 증명하다
>
> + 목적어 + ┌ as + 명사
>   └ (to be) + 명사·형용사

No one **considers** the bald eagle **as(= to be)** an endangered species anymore.
아무도 흰머리독수리를 더 이상 멸종 위기종으로 여기지 않는다.

The man **certified** the statement **to be** true. 그 남자는 그 진술이 사실이라고 증명했다.

기출로 체크

어법상 틀린 부분이 있다면 바르게 고치세요.   [2013년 서울시 9급]

In problem-centered coping, they appraise the situation as changeable, identify the difficulty, and decide what to do about it.
문제 중심으로 대응할 때, 그들은 그 상황을 바꿀 수 있는 것으로 평가하고 어려움을 확인한 후, 그것에 대해 무엇을 할지를 결정한다.

[정답] 맞는 문장

01 밑줄 친 부분 중 어법상 옳은 것은?   [2017년 지방직 9급 (12월 추가)]

> Last week I was sick with the flu. When my father ① heard me sneezing and coughing, he opened my bedroom door to ask me ② that I needed anything. I was really happy to see his kind and caring face, but there wasn't ③ anything he could do it to ④ make the flu to go away.

02 밑줄 친 부분 중 어법상 가장 옳지 않은 것은?   [2018년 서울시 9급 (6월 시행)]

> *Blue Planet II*, a nature documentary ① produced by the BBC, left viewers ② heartbroken after showing the extent ③ to which plastic ④ affects on the ocean.

01 [기출포인트] **5형식 동사** 　　　　　　　　　　　　　　　　　　　　정답 ①

[해설] 동사 hear(heard)는 동사원형이나 현재분사를 목적격 보어로 취하는 지각동사이므로 현재분사 sneezing과 coughing 이 목적격 보어 자리에 올바르게 쓰였다.

[오답 분석] ② [기출포인트] **명사절 접속사 2: if와 whether** 문맥상 아버지가 불확실한 사실(내가 필요한 것이 있는지 없는지)에 대해 질문했다는 의미가 되어야 자연스러운데, 명사절 접속사 that은 확실한 사실을 나타내므로 의미상 적절하지 않 다. 따라서 명사절 접속사 that을 불확실한 사실을 나타내는 명사절 접속사 if/whether(~인지 아닌지)로 고쳐야 한 다. 참고로, 동사 ask는 간접 목적어(me)와 직접 목적어를 갖는 4형식 동사이므로 밑줄 친 명사절은 ask의 직접 목 적어이다.

③ [기출포인트] **관계대명사** 선행사 anything 뒤에 목적격 관계대명사 that 또는 which가 생략된 관계절이 온 형태 이다. 생략된 관계대명사가 관계절 내에서 동사 do의 목적어 역할을 하고 있으므로 관계대명사 뒤에는 목적어가 없 는 불완전한 절이 와야 한다. 따라서 anything he could do it을 anything he could do로 고쳐야 한다.

④ [기출포인트] **5형식 동사** 동사 make는 목적격 보어로 동사원형을 취하는 사역동사이므로 to 부정사 to go away 를 동사원형 go away로 고쳐야 한다.

[해석] 지난주에 나는 독감을 앓았다. 나의 아버지가 내가 재채기하고 기침하고 있는 것을 들었을 때, 그는 나의 침실 문을 열고 내게 무언가 필요한 것이 있는지 물어보셨다. 나는 그의 다정하고 염려하는 표정을 보아서 정말 행복했지만, 독감이 사 라지게 하기 위해 그가 할 수 있는 것은 없었다.

[어휘] flu 독감　sneeze 재채기하다　cough 기침하다　care 염려하다, 보살피다　go away 사라지다, 없어지다

02 [기출포인트] **타동사** 　　　　　　　　　　　　　　　　　　　　　　　정답 ④

[해설] 동사 affect(~에 영향을 미치다)는 전치사(on) 없이 목적어를 바로 취하는 타동사이므로 affects on을 affects로 고쳐 야 한다.

[오답 분석] ① [기출포인트] **현재분사 vs. 과거분사** 수식받는 명사 documentary와 분사가 '다큐멘터리가 제작되다'라는 의미의 수동 관계이므로 과거분사 produced가 올바르게 쓰였다.

② [기출포인트] **보어 자리** leave(left)는 목적격 보어를 취하는 5형식 동사로 쓰일 수 있는데, 보어 자리에는 명사나 형용사 역할을 하는 것이 와야 한다. 따라서 목적어 viewers 뒤에 형용사 역할을 하는 과거분사 heartbroken이 올 바르게 쓰였다.

③ [기출포인트] **전치사 + 관계대명사** '전치사 + 관계대명사'에서 전치사는 선행사 또는 관계절의 동사에 따라 결정되 는데, 선행사 the extent는 전치사 to와 함께 짝을 이루어 쓰이므로 to which가 올바르게 쓰였다.

[해석] BBC에 의해 제작된 자연 다큐멘터리 『블루 플래닛 II』는 플라스틱이 바다에 영향을 미치는 정도를 보여준 후 시청자들 이 가슴 아픈 상태가 되게 했다.

[어휘] leave ~한 상태가 되게 하다　heartbroken 가슴 아픈　extent 정도

수 일치

BASIC GRAMMAR 기본기 다지기

1. 동사의 수 일치

단수 주어	+ 단수 동사
복수 주어	+ 복수 동사

An athlete exercises every day. 운동선수는 매일 운동한다.
　단수 주어　　　단수 동사

Athletes exercise every day. 운동선수들은 매일 운동한다.
　복수 주어　　　복수 동사

The bookstore located downtown sells used books. 시내에 위치한 서점은 중고 서적들을 판매한다.
　단수 주어　　　　　수식어 거품　　　　단수 동사

He and his wife travel abroad frequently. 그와 그의 아내는 자주 해외 여행을 한다.
　복수 주어　　　복수 동사

2. 단수 동사와 복수 동사

■ 일반동사

단수 동사	복수 동사
동사원형 + -s/-es	동사원형

* 동사가 과거형일 때는 단수와 복수의 형태가 같다.

Sue leaves for work at 8:30 every day. Sue는 매일 8시 30분에 출근한다.
단수 주어 단수 동사

They leave for work at 8:30 every day. 그들은 매일 8시 30분에 출근한다.
복수 주어 복수 동사

Sue/They left for work at 8:30 yesterday. Sue는/그들은 어제 8시 30분에 출근했다.
단수/복수 주어 과거 동사

■ have 동사

기본형		단수 동사	복수 동사
have	현재	has	have
	과거	had	had

The manager has vacation this week. 그 관리자는 이번 주에 휴가를 간다.
　　단수 주어　　　단수 동사

The managers have vacation this week. 그 관리자들은 이번 주에 휴가를 간다.
　　복수 주어　　　복수 동사

■ be동사

기본형		단수 동사	복수 동사
be	현재	am/is	are
	과거	was	were

That shirt is/was on sale. 그 셔츠는 세일 중이다 / 중이었다.
　단수 주어　　단수 동사

Those shirts are/were on sale. 그 셔츠들은 세일 중이다 / 중이었다.
　　복수 주어　　　복수 동사

① 단수 취급하는 구 & 절 주어 + 단수 동사

동명사구, to 부정사구, 명사절 기간·가격·길이·무게를 나타내는 명사구	+ 단수 동사

Playing the drums **is** his hobby. 드럼을 연주하는 것이 그의 취미이다.
<small>동명사구 주어　　　단수 동사</small>

That Tom still owes me money **is** not a problem. Tom이 아직 내게 돈을 빚지고 있다는 것이 큰 문제는 아니다.
<small>　　　명사절 주어　　　　　단수 동사</small>

Three days **is** plenty to finish a painting. 3일은 그림을 완성하기 충분하다.
<small>명사구(기간) 주어　단수 동사</small>

② 집합 명사와 동사의 수 일치

family 가족　　team 팀　　staff 직원 class 학급　　crowd 무리　　crew 승무원 audience 청중　committee 위원회	하나의 집단을 의미할 때	+ 단수 동사
	집단의 여러 구성원을 의미할 때	+ 복수 동사

The team **has to work** late to finish their report. 그 팀은 보고서를 완성하기 위해 늦게까지 일해야 한다.
<small>팀(집단)　　　단수 동사</small>

All my family **enjoy** dancing. 우리 가족 모두가 춤추는 것을 좋아한다.
<small>　　가족(구성원들) 복수 동사</small>

③ 주어 + 수식어 거품 + 동사

주어와 동사 사이의 수식어 거품은 동사의 수 결정에 영향을 주지 않는다.

The guests staying in room 303 **work** at the embassy. 303호에 머무르는 손님들은 대사관에서 일한다.
<small>복수 주어　　　수식어 거품　　복수 동사</small>

기출로 체크

어법상 틀린 부분이 있다면 바르게 고치세요. [2019년 서울시 7급 (10월 시행)]

Supplements on the market today includes those that use natural herbs or synthetic ingredients.
오늘날 시중에 나와 있는 보충제들은 천연 허브 또는 합성 성분을 사용하는 것들을 포함한다.

[정답] includes ⇒ include

02 수량·부분·전체 표현의 수 일치

1 수량 표현을 포함한 주어와 동사의 수 일치

단수 취급하는 수량 표현	one/each (+ 명사) every/the number of/one of/neither of + 명사 somebody, someone, something anybody, anyone, anything everybody, everyone, everything nobody, no one, nothing	+ 단수 동사
복수 취급하는 수량 표현	many/several/few/both (+ of the) + 복수 명사 a number of/a couple of/a range of/a variety of + 복수 명사	+ 복수 동사

Each flower **produces** a unique scent. 각각의 꽃은 독특한 향을 낸다.
단수 취급하는 수량 표현   단수 동사

Many cell phones **connect** to the Internet wirelessly. 많은 휴대폰들은 무선으로 인터넷에 연결된다.
복수 취급하는 수량 표현   복수 동사

> **고득점 포인트**
>
> 복수 취급하는 수량 표현 many가 'many a/an + 단수 명사'의 형태로 쓰이면 뒤에 단수 동사가 와야 한다.
> Many a girl (**was**, ~~were~~) surprised by the news. 많은 소녀들이 그 소식에 놀랐다.

2 부분·전체를 나타내는 표현을 포함한 주어와 동사의 수 일치

부분·전체를 나타내는 표현	all, most, any, half, a lot, lots, part, the rest, the bulk, percent, portion, 분수	+ of	+ 단수 명사 + 단수 동사
			+ 복수 명사 + 복수 동사

Most of the information **is** based on academic research. 대부분의 정보는 학술 연구에 기반한다.
부분 표현   단수 명사   단수 동사

All of the participants for the convention **need** to register at the information desk.
전체 표현   복수 명사   복수 동사
회의의 모든 참가자들은 안내소에서 등록을 해야 합니다.

> **기출로 체크**
>
> 어법상 틀린 부분이 있다면 바르게 고치세요.   [2014년 국가직 9급]
>
> One of the exciting games I saw were the World Cup final in 2010.
> 내가 본 흥미로운 경기들 중의 하나는 2010년 월드컵 결승전이었다.
>
> [정답] were ⇒ was

① 접속사로 연결된 주어와 동사의 수 일치

항상 복수 취급	A and B A와 B	both A and B A와 B 둘 다
A에 일치시키는 경우	A as well as B A뿐만 아니라 B도	
B에 일치시키는 경우	A or B A나 B neither A nor B A도 B도 아닌 not only A but (also) B A뿐만 아니라 B도	either A or B A 또는 B 중 하나 not A but B A가 아니라 B

<u>Alex</u> **and** <u>Martin</u> **drive** to work together every day.   Alex와 Martin은 매일 함께 차를 타고 출근한다.
  A   B   복수 동사

Both <u>coffee</u> **and** <u>tea</u> **contain** a significant amount of caffeine.
     A   B   복수 동사

커피와 차 둘 다 상당한 양의 카페인을 함유하고 있다.

<u>Skis</u> **or** <u>a snowboard</u> **is** required for guests at the resort.
  A   B   단수 동사

리조트에 있는 손님들을 위해 스키들이나 스노보드가 필요하다.

Not only <u>my mother</u> **but also** <u>my sisters</u> **have** black hair.
       A   B   복수 동사

우리 엄마뿐 아니라 언니들도 검은 머리카락을 갖고 있다.

> **⚙ 고득점 포인트**
>
> 두 개의 명사가 and로 연결되었어도 하나의 대상을 가리키는 경우, 뒤에 단수 동사가 와야 한다.
> The famed writer and orator (**teaches**, ~~teach~~) at Yale.   그 유명한 작가이자 연설가는 예일대에서 가르친다.
> → 주어 The famed writer and orator는 and로 연결되었지만, 관사(The)를 한 번만 써서 한 사람을 가리키므로, 단수 동사 (teaches)가 와야 한다.

> **📖 기출로 체크**
>
> 어법상 틀린 부분이 있다면 바르게 고치세요.   [2020년 국회직 8급]
>
> Neither congress nor state legislatures have authorized the development of such a system.
> 국회도 주의회들도 그러한 시스템의 개발을 승인하지 않았다.
>
>   [정답] 맞는 문장

① 선행사와 주격 관계절의 동사의 수 일치

단수 선행사	+ 주격 관계사 (who/which/that)	+ 단수 동사
복수 선행사		+ 복수 동사

A neighbor who **lives** on my street rides his bicycle on weekends.
　　단수 선행사　　　단수 동사

나와 같은 거리에 사는 이웃은 주말에 자전거를 탄다.

The university only interviews applicants who **have passed** the entrance examination.
　　　　　　　　　　　　복수 선행사　　　　　복수 동사

그 대학은 입학 시험을 통과한 지원자들만 면접을 본다.

② 주격 관계절 앞에 명사가 여러 개 있는 경우의 수 일치

문맥을 통해 관계절이 꾸미고 있는 선행사가 무엇인지 파악하여 관계절 내 동사의 수를 결정한다.

The goal of managers who **compliment** their employees is to improve office morale.
　　　　　　선행사(복수)　　　　복수 동사

부하 직원들을 칭찬하는 관리자들의 목표는 사무실의 사기를 높이는 것이다.

The man approached one of the tourists who **was** looking at the map.
　　　　　　　　　선행사(단수)　　　　　　　단수 동사

그 남자는 관광객들 중 지도를 보고 있던 한 명에게 다가갔다.

📖 **기출로 체크**

어법상 틀린 부분이 있다면 바르게 고치세요.　　　　　　　　　　　　　[2017년 지방직 9급 (6월 시행)]

The oceans contain many forms of life that has not yet been discovered.
바다 속에는 아직 발견되지 않은 많은 생명체들이 있다.

[정답] has ⇒ have

포인트 적용 기출 문제 (Chapter 03)

01 밑줄 친 부분에 들어갈 가장 적절한 것을 고르시오. [2014년 지방직 9급]

A tenth of the automobiles in this district alone _____ stolen last year.

① was

② had been

③ were

④ have been

02 밑줄 친 부분 중 어법상 가장 옳지 않은 것은? [2019년 서울시 9급 (6월 시행)]

Squid, octopuses, and cuttlefish are all ① types of cephalopods. ② Each of these animals has special cells under its skin that ③ contains pigment, a colored liquid. A cephalopod can move these cells toward or away from its skin. This allows it ④ to change the pattern and color of its appearance.

01 [기출포인트] **부분 표현의 수 일치 & 과거 시제** 정답 ③

[해설] 빈칸은 문장의 동사를 완성하는 자리이다. 과거 시제와 자주 함께 쓰이는 시간 표현인 'last + 시간 표현'(last year)이 쓰여 '도난당했다'라는 과거에 일어난 일을 표현하고 있으므로, 단순 과거 시제(was, were)가 쓰인 ①, ③번이 정답의 후보이다. 부분을 나타내는 표현(A tenth of)을 포함한 주어는 of 뒤에 복수 명사가 올 경우 복수 동사를, 단수 동사가 올 경우 단수 동사를 써야 하는데, of 뒤에 복수 명사 automobiles가 왔으므로 복수 동사 ③ were가 정답이다.

[해석] 작년에 이 구역에서만 자동차의 10분의 1을 도난당했다.

[어휘] automobile 자동차   district 구역

02 [기출포인트] **주격 관계절의 수 일치** 정답 ③

[해설] 주격 관계절(that ~ liquid) 내의 동사는 선행사(special cells)에 수를 일치시켜야 하는데, 선행사 special cells가 복수 명사이므로 단수 동사 contains를 복수 동사 contain으로 고쳐야 한다.

[오답 분석] ① [기출포인트] **가산 명사·불가산 명사** 가산 명사는 반드시 관사와 쓰이거나 복수형으로 쓰여야 하므로, 가산 명사 type의 복수형 types가 올바르게 쓰였다. 참고로, all은 가산·불가산 명사 앞에 모두 올 수 있는 수량 표현이다.

② [기출포인트] **수량·부분·전체 표현의 수 일치** 문맥상 '이 동물들 각각'이라는 의미로 두족류 동물의 각 개체를 지칭하고 있고, 동사 자리에 단수 동사 has가 왔으므로 단수 취급하는 수량 표현 Each(각각)가 올바르게 쓰였다.

④ [기출포인트] **5형식 동사** 동사 allow는 to 부정사를 목적격 보어로 취하는 5형식 동사이므로 to 부정사 to change 가 올바르게 쓰였다.

[해석] 오징어, 문어, 그리고 갑오징어는 모두 두족류 동물의 종류이다. 이 동물들 각각은 피부 아래에 색깔이 있는 액체인 색소가 들어 있는 특별한 세포들을 가지고 있다. 두족류 동물은 이 세포들을 피부 쪽으로 또는 피부로부터 멀어지게 이동시킬 수 있다. 이것은 그것이 외관의 무늬와 색을 바꿀 수 있도록 해준다.

[어휘] squid 오징어   octopus 문어   cuttlefish 갑오징어   cephalopod 두족류 동물   cell 세포
contain ~이 들어 있다, 포함하다   pigment 색소

04 시제

BASIC GRAMMAR 기본기 다지기

1. 동사의 시제

동사가 어느 시점의 동작이나 상태를 나타내는지에 따라, 동사의 형태는 달라진다.

현재 시제	He **walks** to school every day. 그는 매일 학교에 걸어간다.
과거 시제	He **walked** to school yesterday. 그는 어제 학교에 걸어갔다.
미래 시제	He **will walk** to school tomorrow. 그는 내일 학교에 걸어갈 것이다.

2. 단순, 진행, 완료 시제 & 동사의 형태

■ 단순 시제

특정 시점에 일어나는 동작이나 상태를 나타낸다.

현재	동사원형 + (-s/-es)	I **exercise** every morning. 나는 매일 아침에 운동한다.
과거	동사원형 + ed	I **exercised** this morning. 나는 오늘 아침에 운동했다.
미래	will + 동사원형	I **will exercise** tomorrow morning. 나는 내일 아침에 운동을 할 것이다.

■ 진행 시제

특정 시점에 동작이 계속 진행되고 있음을 나타낸다.

현재진행	am/are/is + -ing	She **is cooking**. 그녀는 요리하고 있다.
과거진행	was/were + -ing	She **was cooking**. 그녀는 요리하고 있었다.
미래진행	will be + -ing	She **will be cooking**. 그녀는 요리하고 있을 것이다.

■ 완료 시제

특정 기준 시점보다 앞선 시점에 발생한 일이나, 동작이나 상태가 기준 시점까지 계속되거나 영향을 주는 경우를 나타낸다.

현재완료	have/has + p.p.	Sarah **has gone** to Paris. Sarah는 파리에 가고 없다.
과거완료	had + p.p.	Sarah **had gone** to Paris for her vacation. Sarah는 휴가차 파리에 갔었다.
미래완료	will have + p.p.	Sarah **will have gone** to Paris twice by the end of this year. 올해 말이면 Sarah는 파리에 두 번 간 것이 될 것이다.

1 현재 시제

반복적 동작·상태	I **pay** gas bills every month. 나는 매달 가스 요금을 낸다.
일반적 사실	Mars **is** smaller than Earth. 화성은 지구보다 작다.
진리·법칙	Water **freezes** below zero degrees Celsius. 물은 섭씨 0도 아래에서 언다.

2 과거 시제

과거의 동작·상태	I **watched** the movie yesterday. 나는 어제 그 영화를 봤다.
역사적 사실	William the Conqueror **invaded** England in the 11th century. 정복왕 윌리엄은 11세기에 영국을 침략했다.

3 미래 시제

미래의 상황 예상	You **will receive** the package tomorrow. 당신은 내일 그 택배를 받을 것이다.
미래에 대한 의지	I **will buy** you lunch tomorrow. 제가 당신께 내일 점심 식사를 사 드리겠습니다.

4 시간·조건의 부사절에서의 미래 표현: 미래를 나타내기 위해 현재 시제를 사용

시간·조건을 나타내는 부사절 접속사	if, when, before, after, unless, as soon as, by the time

* 명사절에서는 when이나 if가 쓰였더라도 미래 시제를 그대로 사용한다.

What will you do when you (**visit**, ~~will visit~~) California? 캘리포니아에 방문하면 무엇을 할 거예요?

📖 **기출로 체크**

어법상 틀린 부분이 있다면 바르게 고치세요. [2017년 국가직 9급 (4월 시행)]

Jamie learned from the book that World War I had broken out in 1914.

Jamie는 그 책에서 세계 1차 대전이 1914년에 발발했다는 것을 배웠다.

[정답] had broken out ⇒ broke out

기출포인트 02 현재진행/과거진행/미래진행 시제

출제빈도 ★★

① 진행 시제의 종류

현재진행 시제	am/are/is + -ing	현재 시점에 진행되고 있는 일 표현
과거진행 시제	was/were + -ing	특정 과거 시점에 진행되고 있었던 일 표현
미래진행 시제	will be + -ing	특정 미래 시점에 어떤 일이 진행되고 있을 것임을 표현

He **is finishing** the report for his manager now. 그는 관리자에게 제출할 보고서를 지금 마무리하는 중이다.
　　현재진행 시제　　　　　　　　　　　　　　현재 시점

She **was watching** a movie when the doorbell rang. 초인종이 울렸을 때 그녀는 영화를 보고 있었다.
　　과거진행 시제　　　　　　　　　특정 과거 시점

I **will be departing** for Brazil next Tuesday. 나는 다음 주 화요일에 브라질로 떠나고 있을 것이다.
　미래진행 시제　　　　　　　　　특정 미래 시점

🔆 고득점 포인트

현재진행형은 미래에 일어나기로 예정되어 있는 일이나 곧 일어나려고 하는 일을 표현하여 미래를 나타내기도 한다.
I **am seeing** him on Thursday night. 나는 목요일 밤에 그를 만날 예정이다.

② 진행 시제로 쓸 수 없는 동사

감정	love	like	prefer	hate	surprise	satisfy	
상태	be	belong	have	owe	possess	consist	
인지	believe	know	see	understand	realize	remember	
감각	sound	look	seem	appear	smell	taste	
기타	need	agree	deny	promise	want	wish	

📖 기출로 체크

어법상 틀린 부분이 있다면 바르게 고치세요.　　　　　　　　　　　　　[2015년 지방직 9급]

I have been knowing Jose until I was seven.
나는 내가 7살이었을 때부터 Jose를 알아왔다.

[정답] have been knowing ⇒ have known, until ⇒ since

Chapter 04 시제 **49**

시제　Chapter 04　해커스공무원 영어 문법 고득점 핵심노트

① 완료 시제의 종류

현재완료 시제	have/has + p.p	계속	과거에 시작된 일이 현재까지 계속됨을 표현
		완료	과거에 시작된 일이 현재에 완료됨을 표현
		결과	과거의 일이 현재의 결과에 영향을 미침을 표현
		경험	과거에서 현재에 이르는 경험을 표현
과거완료 시제	had + p.p.	특정 과거 시점 이전에 발생한 일 표현	
미래완료 시제	will have + p.p.	특정 미래 시점 이전에 시작된 일이 미래의 그 시점에 완료될 것을 표현	

He **has worked** as a radio announcer for nine years. 그는 라디오 아나운서로 9년 동안 일해 왔다.

She **has** just **finished** the first chapter. 그녀는 막 첫 번째 챕터를 마쳤다.

He **has gone** to New York. 그는 뉴욕에 가 버렸다. (= 현재 이곳에 없다.)

Have you **been** to this café before? 전에 이 카페에 와본 적이 있나요?

The flight **had been delayed** for an hour before it departed.
비행기가 출발하기 전에 한 시간 동안 지연되었다.

By next month, the rainy season **will have ended**. 다음 달이면, 장마철이 끝나 있을 것이다.

> **🔆 고득점 포인트**
>
> '주어 + had not p.p. + before[when] + 주어 + 과거 동사'는 '~하지도 않아 -했다'라고 해석된다.
> I had not slept half an hour before[when] my phone rang. 내가 30분도 채 자지 않아서 전화가 울렸다.

② 완료진행 시제(have/has/had been + -ing): 기준 시점 이전에 시작된 일이 기준 시점까지 계속 진행 중임을 표현

I **have been using** the same camera since 2010. 나는 2010년 이후로 계속 같은 카메라를 사용해오고 있다.
                                      기준 시점

> **📖 기출로 체크**
>
> 어법상 틀린 부분이 있다면 바르게 고치세요.   [2018년 서울시 9급 (6월 시행)]
>
> More than 150 people have fell ill, mostly in Hong Kong and Vietnam, over the past three weeks.
> 지난 3주 동안 주로 홍콩과 베트남에서 150명 이상의 사람들이 병에 걸렸다.
>
> [정답] fell ⇒ fallen

① **과거, 현재완료, 미래·미래완료 시제와 자주 함께 쓰이는 표현**

과거	현재완료	미래·미래완료
yesterday 어제 last + 시간 표현 지난 ~에 시간 표현 + ago ~ 전에	yet 아직 so far 지금까지 since + 과거 시간 표현 ~ 이래로 over/for + 시간 표현 ~ 동안	tomorrow 내일 next + 시간 표현 다음 ~에 by/until + 미래 시간 표현 ~까지 * 단, until은 미래완료와 함께 쓰이지 않는다. by the time + 주어 + 현재 동사 ~할 때쯤에

* 'by the time + 주어 + 과거 동사'는 과거나 과거완료 시제와도 자주 함께 쓰인다.

I **went** to the eye doctor last week.　나는 지난주에 안과 진료를 받았다.

The accountants **will have completed** the audit by next week.
회계사들은 다음 주까지 회계 감사를 마칠 것이다.

② **주절의 시제가 과거일 때 종속절의 시제**

주절	종속절
주어 + 과거 시제 동사 ~	(접속사 +) 주어 + 과거/과거완료 시제 동사

Her editor <u>asked</u> her why she **came** to work late.　그녀의 편집장은 그녀에게 왜 늦게 출근했는지 물었다.
　　　　　과거 시제　　　　　　　　　과거 시제

He <u>said</u> he **had witnessed** the criminal deed.　그는 범죄 행위를 목격했다고 말했다.
　　과거 시제　　　　과거 완료 시제

🔆 **고득점 포인트**

주절에 hardly/scarcely가 오고 종속절에 before/when이 오면, 주절에는 과거완료 시제를 사용하고 종속절에는 과거 시제를 사용한다.

Hardly <u>had</u> we <u>sat</u> down **when** the lecturer <u>started</u> speaking.　우리가 앉자마자 강연자는 강연을 하기 시작했다.

📖 **기출로 체크**

우리말을 영어로 잘못 옮긴 것이 있다면 바르게 고치세요.　　　　　　　　　[2019년 지방직 7급]

내가 축구 경기를 시청하는 동안, 내 남편은 다른 TV로 영화를 보았다.
→ While I watched a soccer match, my husband has watched a movie on the other TV.

[정답] husband has watched ⇒ husband watched

01 어법상 옳지 않은 것은? [2017년 국가직 9급 (4월 시행)]

① A few words caught in passing set me thinking.

② Hardly did she enter the house when someone turned on the light.

③ We drove on to the hotel, from whose balcony we could look down at the town.

④ The homeless usually have great difficulty getting a job, so they are losing their hope.

02 어법상 옳은 것은? [2020년 지방직 9급]

① Of the billions of stars in the galaxy, how much are able to hatch life?

② The Christmas party was really excited and I totally lost track of time.

③ I must leave right now because I am starting work at noon today.

④ They used to loving books much more when they were younger.

01 기출포인트 **시제 일치** 정답 ②

해설 주절(Hardly ~ house)에 hardly가 오고 종속절(when ~ the light)에 when이 오는 경우, 주절에는 과거완료 시제, 종속절에는 과거 시제를 사용하므로, Hardly did she enter를 Hardly had she entered로 고쳐야 한다.

오답 분석 ① 기출포인트 **현재분사 vs. 과거분사** 수식받는 명사(words)와 분사가 '몇 마디의 말이 들리다'라는 의미의 수동 관계이므로 과거분사 caught가 올바르게 쓰였다.

③ 기출포인트 **관계대명사** 선행사(hotel)가 사물이고, 관계절 내에서 balcony가 무엇의 발코니인지 나타내므로, 사물을 가리키는 소유격 관계대명사 whose가 balcony 앞에 올바르게 쓰였다.

④ 기출포인트 **정관사 the & 동명사 관련 표현** 주어 자리에 '~한 사람들'이라는 의미를 나타내며 복수 취급하는 'the + 형용사(homeless)'가 왔으므로 복수 동사 have가 올바르게 쓰였고, 동명사구 관용 표현 have difficulty (in) -ing(~하는 데 어려움을 겪다) 형태의 have great difficulty getting a job이 올바르게 쓰였다.

해석 ① 지나가는 말로 들린 몇 마디가 나를 생각에 잠기게 했다.
② 그녀가 집에 들어가자마자 누군가가 불을 켰다.
③ 우리는 호텔까지 차를 몰고 갔는데, 그 호텔의 발코니에서 우리는 마을을 내려다 볼 수 있었다.
④ 노숙자들은 대개 일자리를 구하는 데 큰 어려움을 겪어서, 그들은 희망을 잃어가고 있다.

어휘 in passing 지나가는 말로   drive on 차를 몰다

02 기출포인트 **현재진행 시제** 정답 ③

해설 미래에 예정되어 있는 일(오늘 정오에 일을 시작할 것)을 표현하기 위해 현재진행 시제를 사용할 수 있으므로 현재진행 시제 am starting이 올바르게 쓰였다.

오답 분석 ① 기출포인트 **대명사** 대명사 much가 지시하는 명사(stars)가 가산 복수 명사이므로, 불가산 대명사 much를 가산 복수 대명사 many로 고쳐야 한다.

② 기출포인트 **3형식 동사의 수동태** 감정을 나타내는 동사(excite)의 경우, 주어가 감정의 원인이면 능동태를 써야하는데, 주어(The Christmas party)가 '재미있는' 감정의 원인이므로 과거분사 excited를 be동사(was)와 함께 능동태를 완성하는 현재분사 exciting으로 고쳐야 한다.

④ 기출포인트 **조동사 관련 표현** 조동사처럼 쓰이는 표현 used to(~하곤 했다) 뒤에는 동사원형이 와야 하므로 loving을 동사원형 love로 고쳐야 한다.

해석 ① 은하계에 있는 수십억 개의 별들 중에서, 얼마나 많은 것들(별들)이 생명을 부화할 수 있을까?
② 크리스마스 파티가 매우 재미있어서 나는 완전히 시간 가는 줄 몰랐다.
③ 나는 오늘 정오에 일을 시작할 것이기 때문에 지금 떠나야만 한다.
④ 그들은 어렸을 때 훨씬 더 책을 좋아하곤 했다.

어휘 hatch 부화하다   lose track of time 시간 가는 줄 모르다   at time 정오에

능동태·수동태

BASIC GRAMMAR 기본기 다지기

1. 능동태와 수동태

	기본형	진행형	완료형
능동태 (주어가 ~하다)	동사의 현재/과거/미래형	be + -ing	have + p.p.
수동태 (주어가 ~되다/당하다)	be + p.p.	be being + p.p.	have been + p.p.

능동태는 '주어가 ~하다'라는 의미로 주어가 행위의 주체가 되며, 수동태는 '주어가 ~되다/당하다'라는 의미로 주어가 행위의 대상이 된다.

The manager **signed** the form. 그 관리자는 그 양식에 서명했다.
　　주어　　　능동태 동사　　목적어

→ 해당 문장에서 '서명하는(signed)' 행위를 수행한 주체는 '그 관리자(The manager)'이다. 이와 같이 주어가 행위의 주체가 되어, '주어가 ~하다'라는 의미를 나타낼 때 주어와 동사는 능동 관계이다.

The form **was signed** by the manager. 그 양식은 그 관리자에 의해 서명되었다.
　　주어　　　수동태 동사

→ 해당 문장에서 '서명된(was signed)' 대상은 '그 양식(The form)'이다. 이와 같이 주어가 행위의 대상이 되어, '주어가 ~되다/당하다'라는 의미를 나타낼 때 주어와 동사는 수동 관계이다.

2. 수동태 문장 만드는 법

능동태	**주어**	**능동태 동사**	**목적어**

수동태	**주어(능동태 문장의 목적어)**	**수동태 동사**	**by + 행위의 주체(능동태 문장의 주어)**

<u>Peter</u> <u>scored</u> <u>the winning goal</u>. Peter가 결승골을 넣었다.
주어 　능동태 동사 　　　목적어

<u>The winning goal</u> <u>was scored</u> <u>by Peter</u>. 결승골은 Peter에 의해 넣어졌다.
능동태 문장의 목적어 　　　수동태 동사 　　by + 능동태 문장의 주어

① 문장의 목적어 확인

능동태 문장	주어 + 동사 + 목적어
수동태 문장	주어 + be p.p. (+ 수식어 거품)

They **celebrated** their anniversary. 그들은 그들의 기념일을 축하했다.
<u>주어</u> 능동태 동사 목적어

My mother **plays** the piano. 내 어머니는 피아노를 연주하신다.
주어 능동태 동사 목적어

The famous author **writes** children's fairy tales. 그 유명한 작가는 아동용 동화책을 집필한다.
주어 능동태 동사 목적어

The library **will be renovated**. 그 도서관은 수리될 것이다.
주어 수동태 동사

A billing statement **will be provided**. 요금 청구서가 제공될 것이다.
주어 수동태 동사

The research findings **were presented** by Mr. Barnes. 연구 결과들은 Mr. Barnes에 의해 공개되었다.
주어 수동태 동사

② to 부정사와 관계절 동사의 목적어 확인

■ to 부정사의 능동태·수동태

Customers should call the restaurant **to make** a reservation.
능동태 목적어

고객들은 예약하기 위해 식당에 전화해야 한다.

He didn't want **to be included** in the discussion. 그는 토론에 포함되는 것을 원하지 않았다.
수동태(to be p.p.)

■ 관계절 동사의 능동태·수동태

The key that **opens** the cabinet is on my desk. 그 캐비닛을 여는 열쇠는 내 책상 위에 있다.
능동태 목적어

The flowers that **were delivered** to my office made me happy.
수동태   수식어 거품

나의 사무실로 배달된 꽃이 나를 행복하게 만들었다.

기출로 체크

어법상 틀린 부분이 있다면 바르게 고치세요.   [2017년 국가직 9급 (10월 추가)]

I regret to inform you that your loan application has not approved.

당신의 대출 신청이 승인되지 않았다는 것을 알리게 되어 유감입니다.

[정답] has not approved ⇒ has not been approved

(1) **3형식 동사의 수동태: 주어(능동태 문장의 목적어) + be p.p.**

능동태   He **purchased** a brand new car.   그는 신형차를 구입했다.
                       능동태 동사   목적어

수동태   A brand new car **was purchased** (by him).   신형차가 (그에 의해) 구입되었다.
                      주어   be + p.p.   *by + 행위자는 생략되기도 한다.

(2) **that절을 목적어로 취하는 문장의 수동태: It + be p.p. + that절**

that절을 목적어로 취하는 타동사	say believe find think expect consider know feel

능동태   They think **that** the report is inaccurate.   그들은 그 보도가 부정확하다고 생각한다.
                 능동태 동사

수동태   It is thought **that** the report is inaccurate.   그 보도는 부정확한 것으로 생각된다.
                 수동태 동사

> **고득점 포인트**
>
> that절의 주어가 수동태 문장의 주어 자리로 가면 '주어 + be p.p. + to 부정사(구)' 형태로도 쓰인다.
> The report is believed to be inaccurate.   그 보도는 부정확한 것으로 믿어진다.
> that절의 주어   be p.p.   to 부정사구

(3) **감정을 나타내는 동사의 능동태 · 수동태**

능동태	주어(감정의 원인)	+ 능동태 동사	+ 목적어
수동태	주어(감정을 느끼는 주체)	+ 수동태 동사	+ 목적어 없음

능동태   The boxing match **disappointed** us much.   그 권투 경기는 우리를 매우 실망시켰다.
                 그 권투 경기: 실망을 주는 원인

수동태   I **am satisfied** with my decision.   나는 내 결정에 만족한다.
                 나: 만족을 느끼는 주체

④ 감정을 나타내는 동사의 종류

interest ~에게 흥미를 일으키다	excite ~를 흥분시키다	amuse ~를 즐겁게 하다
please ~를 기쁘게 하다	satisfy ~를 만족시키다	disappoint ~를 실망시키다
depress ~를 낙담시키다	frustrate ~를 좌절시키다	shock ~에게 충격을 주다

<u>The recent theory</u> on Black holes <u>interests</u> me. 블랙홀에 관한 최근의 이론은 나에게 흥미를 갖게 한다.
　　　주어　　　　　　　　　　　　능동태 동사

<u>My sister</u> <u>was excited</u> about the opportunity to work abroad. 나의 언니는 해외에서 일할 기회에 흥분했다.
　　주어　　　　수동태 동사

📖 기출로 체크

어법상 틀린 부분이 있다면 바르게 고치세요.　　　　　　　　　　　　　　　　[2021년 국가직 9급]

The novel was so excited that I lost track of time and missed the bus.
그 소설은 너무 재미있어서 나는 시간 가는 줄 몰랐고 버스를 놓쳤다.

[정답] excited ⇒ exciting

① 4형식 동사가 쓰인 문장의 수동태

능동태	주어 + 동사 + 간접 목적어 + 직접 목적어
수동태(간접 목적어가 주어)	간접 목적어 + be p.p. + 직접 목적어 + (by + 주어)
수동태(직접 목적어가 주어)	직접 목적어 + be p.p. + 전치사 + 간접 목적어 + (by + 주어)

능동태   Mr. Lee sent <u>Elizabeth</u> <u>a card</u>.   Mr. Lee는 Elizabeth에게 카드를 보냈다.
                      간접 목적어   직접 목적어

간접 목적어가 주어   <u>Elizabeth</u> <u>was sent</u> <u>a card</u> (by Mr. Lee).   Elizabeth는 (Mr. Lee에 의해) 카드를 받았다.
                      간접 목적어   be p.p.   직접 목적어

직접 목적어가 주어   <u>A card</u> <u>was sent</u> <u>to Elizabeth</u> (by Mr. Lee).
                      직접 목적어   be p.p.   to + 간접 목적어
                      카드는 (Mr. Lee에 의해) Elizabeth에게 보내졌다.

② 직접 목적어가 주어로 간 경우, 간접 목적어 앞에 전치사 to, for, of를 쓰는 동사

to	give, send, bring, show, teach, tell, write, read, lend, pay, sell, offer
for	make, buy, cook, get, find, build, choose, fix
of	ask, require, request

Several documents <u>were given</u> **to** his assistant.   여러 서류들이 그의 조수에게 주어졌다.

The sweater <u>was made</u> **for** him (by me).   스웨터가 (나에 의해) 그를 위해 만들어졌다.

Many questions <u>were asked</u> **of** us by the reporter.   많은 질문들이 그 기자에 의해 우리에게 질문되었다.

📖 **기출로 체크**

어법상 틀린 부분이 있다면 바르게 고치세요.   [2019년 서울시 7급 (10월 시행)]

A huge research fund was given to a local private university by the Ministry of Education.
막대한 연구 자금이 교육부에 의해 한 지역의 사립 대학에 주어졌다.

[정답] 맞는 문장

① **5형식 동사가 쓰인 문장의 수동태**: 목적격 보어는 수동태 동사 뒤에 남는다.

■ 목적격 보어가 '명사구/to 부정사구'인 경우

> 주어 + 능동태 동사 + 목적어 + 목적격 보어(명사구/to 부정사구)
>
> 주어(능동태 문장의 목적어) + be p.p. + 목적격 보어(명사구/to 부정사구)

능동태　He considers Mr. Brown a trustworthy advisor. 그는 Mr. Brown을 믿을 수 있는 조언자로 여긴다.
　　　　　능동태 동사　　목적어　　　　목적격 보어(명사구)

수동태　Mr. Brown is considered a trustworthy advisor. Mr. Brown은 믿을 수 있는 조언자로 여겨진다.
　　　　　주어　　　　be p.p.　　　목적격 보어(명사구)

능동태　He asked me to consume food only in the cafeteria.
　　　　　능동태 동사 목적어　　　　목적격 보어(to 부정사구)
　　　　그는 나에게 구내식당 안에서만 음식을 먹도록 요청했다.

수동태　I were asked to consume food only in the cafeteria.
　　　　　주어　수동태 동사　　　　　목적격 보어(to 부정사구)
　　　　나는 구내식당 안에서만 음식을 먹도록 요청되었다.

■ 목적격 보어가 '동사원형'인 경우

> 주어 + 능동태 동사 + 목적어 + 목적격 보어(동사원형)
>
> 주어(능동태 문장의 목적어) + be p.p. + 목적격 보어(to 부정사)

능동태　A power outage made my computer stop working. 정전은 나의 컴퓨터가 작동을 멈추게 했다.
　　　　　　　　能동태 동사　　目적어　　목적격 보어(동사원형)

수동태　My computer was made **to** stop working (by a power outage).
　　　　　주어　　　　be p.p.　　목적격 보어(to 부정사)
　　　　나의 컴퓨터는 (정전에 의해) 작동이 멈추게 되었다.

📖 **기출로 체크**

어법상 틀린 부분이 있다면 바르게 고치세요.　　　　　　　　　[2018년 서울시 9급 (3월 추가)]

Bakers have been made come out, asking for promoting wheat consumption.
제빵사들은 밀 소비의 촉진을 요구하면서 밖으로 나오게 만들어졌다.

[정답] come out ⇒ to come out

기출포인트 05 | 동사구의 수동태

출제빈도 ★

① '타동사 + 명사 + 전치사'의 수동태: be p.p. + 명사 + 전치사

| pay attention to ~에 주의를 기울이다 | take care of ~를 돌보다 |
| make fun of ~놀리다 | take advantage of ~을 이용하다 |

능동태   I will **take care of** your cat. 내가 너의 고양이를 돌봐줄게.
         목적어

수동태   Your cat **will be taken care of** (by me). 너의 고양이는 (나에 의해) 돌봐질 거야.
    주어   be p.p.   명사 전치사

② '타동사 + 부사'의 수동태: be p.p. + 부사

| turn on ~을 켜다   turn off ~을 끄다   call off ~을 취소하다   give up ~을 포기하다 |

능동태   You should turn off the lights before you leave. 당신이 떠나기 전에 모든 불을 꺼야 한다.
       타동사 + 부사   목적어

수동태   The lights should **be turned off** before you leave. 당신이 떠나기 전에 모든 불은 꺼져야 한다.
     주어   be p.p.   부사

③ '자동사 (+ 부사) + 전치사'의 수동태: be p.p. (+ 부사) + 전치사

laugh at ~을 비웃다	run over 차가~을 치다	depend on ~에 의존하다
look up to ~를 존경하다	seek after ~을 찾다	refer to (+목적어 + as) ~을 -이라고 부르다
take over ~을 인계받다	catch up with ~을 따라잡다	

능동태   They refer to the project as breakthrough. 그들은 그 프로젝트를 돌파구라고 부른다.
      자동사 + 전치사   목적어   전치사

수동태   The project **is referred to as** breakthrough (by them).
     주어   be p.p.   전치사 전치사
    그 프로젝트는 (그들에 의해) 돌파구라고 불린다.

기출로 체크

우리말을 영어로 잘못 옮긴 것이 있다면 바르게 고치세요.   [2012년 국가직 9급]

그 협정들은 작년 회의에서 합의된 것이다.
→ The arrangements were agreed on at the meeting last year.

[정답] 맞는 문장

① 목적어를 취하지 않는 자동사

The contract (**lasts**, ~~was lasted~~) for five years. 그 계약은 5년 동안 지속된다.

② 타동사로 혼동하기 쉬운 자동사 (1형식 · 2형식 동사)

remain ~인 채로 남아 있다	**emerge** 나타나다/부상하다	**range** 범위에 이르다
arise 발생하다	**rise** 일어나다	**consist** 이루어져 있다
occur 일어나다	**result** 결과로 생기다/끝나다	**belong** 속하다
wait 기다리다		

③ 수동태로 쓸 수 없는 타동사

resemble 닮다	**cost** (비용이) 들다	**lack** ~이 부족하다
fit ~에 맞다	**suit** 잘 맞다, 어울리다	**become** ~에 어울리다
let ~하게 하다	**equal** ~과 같다	

According to the arena's Web site, general admission to the game **costs** $15.

타동사

경기장 웹사이트에 따르면, 경기의 일반석 입장에는 15달러가 든다.

📖 **기출로 체크**

어법상 틀린 부분이 있다면 바르게 고치세요. ·[2018년 국가직 9급]

By some estimates, deforestation has been resulted in the loss of as much as eighty percent of the natural forests of the world.

몇몇 추정치에 따르면, 삼림 벌채는 세계 자연 삼림의 80퍼센트에 달하는 양의 손실을 초래했다.

[정답] has been resulted in ⇒ has resulted in

01 우리말을 영어로 잘못 옮긴 것을 고르시오. [2015년 국가직 9급]

① 가능한 모든 일자리를 알아보았음에도 불구하고, 그는 적당한 일자리를 찾지 못했다.
  → Despite searching for every job opening possible, he could not find a suitable job.

② 당신이 누군가를 믿을 수 있는지 알아보는 최선책은 그 사람을 믿는 것이다.
  → The best way to find out if you can trust somebody is to trust that person.

③ 미각의 민감성은 개인의 음식 섭취와 체중에 크게 영향을 미친다.
  → Taste sensitivity is largely influenced by food intake and body weight of individuals.

④ 부모는 그들의 자녀가 성장하고 학습하는 데 알맞은 환경을 제공할 책임이 있다.
  → Parents are responsible for providing the right environment for their children to grow and learn in.

02 밑줄 친 부분 중 어법상 옳지 않은 것을 고르시오. [2019년 국가직 9급]

A myth is a narrative that embodies—and in some cases ① helps to explain—the religious, philosophical, moral, and political values of a culture. Through tales of gods and supernatural beings, myths ② try to make sense of occurrences in the natural world. Contrary to popular usage, myth does not mean "falsehood." In the broadest sense, myths are stories—usually whole groups of stories—③ that can be true or partly true as well as false; regardless of their degree of accuracy, however, myths frequently express the deepest beliefs of a culture. According to this definition, the *Iliad* and the *Odyssey*, the Koran, and the Old and New Testaments can all ④ refer to as myths.

01 기출포인트 **능동태·수동태 구별** 정답 ③

해설 주어(Taste sensitivity)와 동사가 '미각의 민감성이 ~에 영향을 미친다'라는 의미의 능동 관계이므로 수동태 is largely influenced by를 능동태 largely influences로 고쳐야 한다.

오답 분석
① 기출포인트 **전치사 4: 양보** 전치사(Despite)는 명사 역할을 하는 것 앞에 와야 하므로, 동명사 searching 앞에 전치사 Despite(~에도 불구하고)가 올바르게 쓰였다.

② 기출포인트 **명사절 접속사 2: if** '믿을 수 있는지'는 불확실한 사실을 나타내는 명사절 접속사 if(~인지 아닌지)를 사용하여 나타낼 수 있으므로, 동사구(find out)의 목적어 자리에 if가 올바르게 쓰였다.

④ 기출포인트 **to 부정사의 의미상 주어 & to 부정사의 역할** 문장의 주어(Parents)와 to 부정사의 행위 주체(their children)가 달라서 to 부정사의 의미상 주어가 필요할 경우 'for + 명사'를 to 부정사(to grow and learn in) 앞에 써야 하므로 for their children to grow and learn in이 올바르게 쓰였다. 또한, '성장하고 학습하는 데 알맞은 환경'이라는 의미를 나타내기 위해, 명사(environment) 뒤에 명사를 수식하는 형용사 역할을 하는 to 부정사 to grow and learn in이 올바르게 쓰였다.

어휘 job opening 일자리 suitable 적당한, 알맞은 sensitivity 민감성 intake 섭취 responsible 책임이 있는

02 기출포인트 **동사구의 수동태** 정답 ④

해설 주어(the *Iliad* ~ Testaments)와 동사구가 '『일리아드』와 『오디세이』, 코란과 구약 및 신약 성경은 ~라고 지칭될 수 있다'라는 의미의 수동 관계이므로 능동태 refer to as를 수동태 be referred to as로 고쳐야 한다.

오답 분석
① 기출포인트 **원형 부정사를 목적격 보어로 취하는 동사** 준 사역동사 helps는 to 부정사와 원형 부정사를 목적어로 취할 수 있으므로 helps 뒤에 to 부정사 to explain이 올바르게 쓰였다.

② 기출포인트 **동명사와 to 부정사 둘 다 목적어로 취하는 동사** 동사 try는 '~하려고 노력하다'라는 의미를 나타낼 때 to 부정사를 목적어로 취하므로 try 뒤에 to 부정사 to make가 올바르게 쓰였다.

③ 기출포인트 **관계대명사** 선행사(stories)가 사물이고, 관계절 내에서 주어 역할을 하므로 주격 관계대명사 that이 올바르게 쓰였다. 참고로, 선행사와 관계절 사이에 삽입구(usually whole groups of stories)가 있는 구조이다.

해석 신화는 한 문화의 종교적, 철학적, 도덕적, 그리고 정치적 가치를 담은, 그리고 어떤 경우에는 (그것들을) 설명하는 것을 돕는 이야기이다. 신들과 초자연적인 존재들의 이야기들을 통해, 신화는 자연 세계에서 발생하는 것들을 이해하려고 노력한다. 대중적인 (그 단어의) 용법과는 반대로, 신화는 '거짓말'을 의미하지 않는다. 가장 넓은 의미에서, 신화는 거짓인 것뿐 아니라, 사실일 수 있거나 일부만 사실일 수 있는 이야기들, 통상적으로는 이야기들의 전체 모음집이다. 하지만, 그것들의 정확도와는 상관없이, 신화는 종종 한 문화의 가장 뿌리 깊은 신념을 표현한다. 이러한 정의에 따르면, 『일리아드』와 『오디세이』, 코란과 구약 및 신약 성경은 모두 신화라고 지칭될 수 있다.

어휘 myth 신화 narrative 이야기 embody 담다, 포함하다 supernatural 초자연적인 occurrence 발생하는 것
usage (단어의) 용법, 사용 falsehood 거짓말 degree of accuracy 정확도 frequently 종종 definition 정의, 개념
refer to ~ as ~을 -라고 지칭하다, 부르다

06 조동사

BASIC GRAMMAR 기본기 다지기

1. 조동사의 역할과 형태

조동사는 동사 앞에 와서 동사를 돕는 역할을 하며, 조동사 뒤에는 반드시 **동사원형**이 와야 한다.

She plays the trombone. 그녀는 트롬본을 연주한다.
　　　동사

She **can** play the trombone. 그녀는 트롬본을 연주할 수 있다.
　　조동사 동사원형

→ '연주하다'라는 동사 play에 조동사 can이 '가능'의 의미를 더해 '연주할 수 있다'라는 뜻을 만든다. 이와 같이 조동사는 동사 앞에서 동사를 돕는 보조적인 역할을 한다.

2. 조동사의 종류

조동사는 동사에 보조적인 의미를 더하거나 강조, 부정, 의문을 표현한다.

동사에 보조적 의미를 더하는 조동사	can ~할 수 있다 will ~할 것이다 may ~할지도 모른다 must ~해야 한다 should ~해야 한다
강조, 부정, 의문을 표현하는 조동사	do

능력   Tom **can** reserve a hotel room now.   Tom은 지금 호텔 객실을 예약할 수 있다.

미래   Tom **will** reserve a hotel room.   Tom은 호텔 객실을 예약할 것이다.

약한 추측   Tom **may** reserve a hotel room later.   Tom은 나중에 호텔 객실을 예약할지도 모른다.

의무   Tom **must** reserve a hotel room.   Tom은 호텔 객실을 예약해야만 한다.

의무   Tom **should** reserve a hotel room.   Tom은 호텔 객실을 예약해야 한다.

강조   Sam **does** cook dinner every night.   Sam은 정말로 매일 밤 저녁 식사를 요리한다.

부정   Sam **doesn't** cook dinner every night.   Sam은 매일 밤 저녁 식사를 요리하지 않는다.

의문   **Does** Sam cook dinner every night?   Sam은 매일 밤 저녁 식사를 요리하나요?

① can · will · may · must · should

can	능력 ~할 수 있다	I **can** speak three foreign languages. 나는 세 가지 외국어를 말할 수 있다.
	허가 ~해도 된다	You **can** take a break.　너는 휴식을 취해도 된다.
	요청 ~해주다	**Can** you bring me the paper?　내게 신문을 가져다 줄래?
	강한 추측 ~일 수 있다	Heat **can** cause stroke.　더위는 열사병을 일으킬 수 있다.
will	미래 ~할 것이다	I **will** visit you tomorrow.　내일 너를 방문할 것이다.
	의지 · 고집 ~하겠다	I **will** go to the concert, however sick I feel. 아무리 아파도, 나는 콘서트에 갈 거야.
	요청 ~해주다	**Will** you lend me a pen?　펜 좀 빌려 줄래?
may	허가 ~해도 된다	All hotel guests **may** use the gym. 모든 호텔 손님들은 헬스장을 이용해도 된다.
	약한 추측 ~일지도 모른다	Susan **may** be right.　Susan이 옳을지도 몰라.
must	의무 ~해야 한다	You **must** submit the report by Friday. 당신은 금요일까지 보고서를 제출해야 한다.
	강한 확신 ~임에 틀림없다	He **must** be disappointed.　그는 실망한 게 틀림없다.
should	의무 · 제안 ~해야 한다	Skies **should** clear up before the evening. 저녁 전에는 하늘이 갤 것이다.
	추측 ~일 것이다	Skies **should** clear up soon.　곧 하늘이 갤 것이다.

⚡ 고득점 포인트

조동사 will의 과거형 would는 지금은 그만둔 과거의 동작을 나타낼 수 있다. 이와 비슷하게 used to는 지금은 그만둔 과거의 동작이나, 지금은 그렇지 않은 과거의 상태를 나타낸다.
We would[used to] play soccer together.　우리는 함께 축구를 하곤 했었다. (그런데 지금은 하지 않는다)
There **used to** be a large lake here 10 years ago.　10년 전에는 여기에 커다란 호수가 있었다. (그런데 지금은 없다)

📖 기출로 체크

우리말을 영어로 잘못 옮긴 것이 있다면 바르게 고치세요.　　　　　　　　　　[2012년 국가직 7급]

예의상 나는 그녀의 제안을 거절할 수 없었다.
→ For courtesy's sake I couldn't but refuse her offer.

[정답] couldn't but refuse ⇒ couldn't refuse

기출포인트 **02** 조동사 do

① 일반동사의 부정문과 의문문 형성

부정문	do/does/did + not + 동사원형
의문문	do/does/did + 주어 + 동사원형

부정문 I **do not drink** coffee. 나는 커피를 마시지 않는다.
　　　　　　　동사원형

의문문 **Did** you give him a birthday present? 그에게 생일 선물을 줬나요?
　　　주어　동사

② 앞에 나온 일반동사 또는 일반동사가 포함된 어구를 대신함

You eat much more than I **do**(= eat). 너는 나보다(내가 먹는 것보다) 훨씬 더 많이 먹는다.

I like dancing, and so **does**(= likes dancing) she. 나는 춤추는 것을 좋아하고, 그녀도 그렇다.

> **:☼: 고득점 포인트**
>
> '~역시 그렇다'라는 표현인 'so/neither + 조동사 + 주어'에 일반동사나 일반동사가 포함된 어구를 대신하는 조동사 do가 쓰이기도 한다. 이때, do 동사는 자신이 속한 절의 주어와 수·시제가 일치해야 한다. 관련 내용은 Chapter 21 에서 자세히 다룬다.

③ 긍정문이나 명령문의 동사 앞에서 동사의 의미를 강조

He **does** write poetry. 그는 정말 시를 쓴다.

Do give us a call when your plane lands. 비행기가 착륙하면 우리에게 꼭 전화를 해라.

→ do 동사는 자신이 속한 절의 주어와 수·시제를 일치시키고, do 동사가 강조하는 동사는 동사원형으로 써야 한다.

📖 기출로 체크

어법상 틀린 부분이 있다면 바르게 고치세요. [2017년 교육행정직 9급]

The French arrived in North America about the same time the English was.
프랑스인들은 영국인들이 도착했을 때와 거의 같은 시기에 북아메리카 대륙에 도착했다.

[정답] was ⇒ did

① 종속절 내 조동사 should가 생략되는 경우

주절	종속절
주어 + 제안·의무·요청·주장을 나타내는 동사·형용사	that + 주어 + (should +) 동사원형

■ 제안·의무·요청·주장을 나타내는 동사·형용사

동사	request 요청하다 order 명령하다 desire 요구하다 ask 요청하다	command 명령하다 insist 주장하다 suggest 제안하다 require 요구하다	recommend 추천하다 propose 제안하다 demand 요구하다 move 제의하다
형용사	necessary/essential/imperative 필수적인		important 중요한

The manager **suggests** that we (**be**, ~~are~~) cordial to all guests.

그 관리자는 우리가 모든 손님들에게 친절해야 한다고 제안한다.

It is important that the report (**be handed**, ~~is handed~~) in on time.   보고서는 제때 제출되는 것이 중요하다.

> 💡 **고득점 포인트**
>
> 주절에 suggest, insist가 '암시하다', '~라는 사실을 주장하다'라는 의미로 쓰인 경우에는 종속절에 '(should +) 동사원형'을 쓸 수 없다.
> Tree-ring dating suggests that it (**was built**, ~~be built~~) in 3807 BC.
> 나이테 연대 분석은 그것이 기원전 3807년에 지어졌음을 암시한다.
> They insisted that the report (**was**, ~~be~~) inaccurate.
> 그들은 그 보고가 정확하지 않다고(정확하지 않다는 사실을) 주장했다.

📖 **기출로 체크**

어법상 틀린 부분이 있다면 바르게 고치세요.   [2019년 서울시 7급 (10월 시행)]

The professor strongly suggested one of his students to apply for the job he had recommended because the application deadline was near.

그 교수는 지원 마감일이 다가왔기 때문에 그의 학생들 중 한 명이 그가 추천했던 일자리에 지원해야 한다고 강력하게 제안했다.

[정답] to apply ⇒ (should) apply

① 조동사처럼 쓰이는 표현

ought to ~해야 한다	have to ~해야 한다	need to ~해야 한다	be going to ~할 것이다
used to ~하곤 했다	had better ~하는 게 좋겠다	dare to 감히 ~하다	be able to ~할 수 있다

You **had better** <u>save</u> the money. 너는 돈을 저축하는 것이 좋겠다.
　　　　　　　　동사원형

My sister **is going to** <u>open</u> her own hair salon. 내 여동생은 자신의 미용실을 개업할 것이다.
　　　　　　　　　　　동사원형

② 조동사 + have p.p.

cannot[couldn't] have p.p. ~했을 리가 없다	could have p.p. ~했을 수 있었다 (그런데 그러하지 않았다)
must have p.p. ~했음에 틀림없다	should have p.p. ~했었어야 했다 (그런데 그러하지 않았다)
may[might] have p.p. ~했을지 모른다	ought to have p.p. ~했었어야 했다 (그런데 그러하지 않았다)

You **should have asked** for my opinion before making the decision about the designs.
당신은 디자인에 대해 결정을 내리기 전에 내 의견을 물어봤어야 했다. (그런데 물어보지 않았다)

③ 조동사 관련 숙어

would rather 차라리 ~하는 게 낫다	may[might] as well ~하는 편이 더 낫겠다
may well ~하는 게 당연하다	would like to ~하고 싶다
cannot ~ too 아무리 ~해도 지나치지 않다	
cannot (help) but ~할 수밖에 없다 (= cannot help + -ing / have no choice but + to 동사원형)	

You **cannot** be **too** careful when driving in bad weather.
악천후에 운전을 할 때 너는 아무리 조심해도 지나치지 않는다.

He **may well** think so. 그가 그렇게 생각하는 게 당연하다.

📖 **기출로 체크**

어법상 틀린 부분이 있다면 바르게 고치세요.　　　　　　　　　　　[2015년 지방직 9급]

You'd better to go now or you'll be late.
너는 지금 가는 게 좋겠어, 아니면 너는 늦을 거야.

....

[정답] to go ⇒ go

포인트 적용 기출 문제 (Chapter 06)

01 우리말을 영어로 가장 잘 옮긴 것은?   [2020년 국가직 9급]

① 몇 가지 문제가 새로운 회원들 때문에 생겼다.
   → Several problems have raised due to the new members.

② 그 위원회는 그 건물의 건설을 중단하라고 명했다.
   → The committee commanded that construction of the building cease.

③ 그들은 한 시간에 40마일이 넘는 바람과 싸워야 했다.
   → They had to fight against winds that will blow over 40 miles an hour.

④ 거의 모든 식물의 씨앗은 혹독한 날씨에도 살아남는다.
   → The seeds of most plants are survived by harsh weather.

02 우리말을 영어로 잘못 옮긴 것을 고르시오.   [2017년 국가직 9급 (4월 시행)]

① 이 편지를 받는 대로 곧 본사로 와 주십시오.
   → Please come to the headquarters as soon as you receive this letter.

② 나는 소년 시절에 독서하는 버릇을 길러 놓았어야만 했다.
   → I ought to have formed a habit of reading in my boyhood.

③ 그는 10년 동안 외국에 있었기 때문에 영어를 매우 유창하게 말할 수 있다.
   → Having been abroad for ten years, he can speak English very fluently.

④ 내가 그때 그 계획을 포기했었다면 이렇게 훌륭한 성과를 얻지 못했을 것이다.
   → Had I given up the project at that time, I should have achieved such a splendid result.

01 　기출포인트　 **조동사 should의 생략**　　　　　　　　　　　　　　정답 ②

　해설　 주절에 의무를 나타내는 동사(command)가 오면 종속절에 '(should +) 동사원형'이 와야 하므로, 동사원형 cease가 올바르게 쓰였다.

　오답분석　 ① 　기출포인트　 **능동태·수동태 구별** 주어(Several problems)와 동사 raise(일으키다)가 '몇 가지 문제가 일어나게 되었다(생겼다)'라는 의미의 수동 관계이므로 능동태 have raised를 수동태 have been raised로 고쳐야 한다.

③ 　기출포인트　 **시제 일치** 주절의 시제가 과거(had)이고 종속절에서 '한 시간에 40마일이 넘는 바람이 분' 것 역시 과거 시점에 일어난 일이므로 미래 시제 will blow를 과거 시제 blew로 고쳐야 한다.

④ 　기출포인트　 **능동태·수동태 구별** 주어(The seeds)와 동사 survive(살아남다)가 '씨앗이 살아남다'라는 의미의 능동 관계이므로 수동태 are survived by를 능동태 survive로 고쳐야 한다.

　어휘　 raise 일으키다　due to ~때문에　command 명령하다　cease 중단되다, 그치다　harsh 혹독한

02 　기출포인트　 **조동사 관련 표현**　　　　　　　　　　　　　　　정답 ④

　해설　 '이렇게 훌륭한 성과를 얻지 못했을 것이다'는 조동사 관련 표현 should have p.p.(~했었어야 했다)가 아닌 couldn't have p.p.(~했을 리가 없다)를 사용하여 나타낼 수 있으므로, should를 couldn't로 고쳐야 한다. 참고로, '내가 그 계획을 포기했었다면'을 나타내기 위해 종속절에 if가 생략된 가정법 과거완료 'Had + 주어 + p.p.'(Had I given up)가 올바르게 쓰였다.

　오답분석　 ① 　기출포인트　 **현재 시제** 조건을 나타내는 부사절(as soon as ~ this letter)에서는 미래를 나타내기 위해 현재 시제를 사용하므로 현재 시제 receive가 올바르게 쓰였다.

② 　기출포인트　 **조동사 관련 표현** '길러 놓았어야만 했다'는 조동사 관련 표현 ought to have p.p.(~했어야 했다)를 사용하여 나타낼 수 있으므로, ought to have formed가 올바르게 쓰였다.

③ 　기출포인트　 **분사구문의 형태** '그가 10년 동안 외국에 있었던 것'이 '(현재) 영어를 유창하게 말하는 것'보다 이전 시점에 일어난 일이므로 분사구문의 완료형(having p.p.)인 Having been abroad가 올바르게 쓰였다.

　어휘　 headquarters 본사, 본부　form a habit 버릇을 기르다　fluently 유창하게　splendid 훌륭한

07 가정법

BASIC GRAMMAR 기본기 다지기

1. 가정법 문장

가정법 문장은 현재나 과거의 상황을 반대로 가정해 보거나, 일어날 가능성이 희박한 일이 미래에 일어날 경우를 가정해보는 문장이다. 가정법은 대개 if로 시작하며, 특별한 시제를 사용한다.

가정법 문장의 종류	사용되는 경우
가정법 과거	현재의 상황을 반대로 가정하는 경우
가정법 과거완료	과거의 상황을 반대로 가정하는 경우
가정법 미래	가능성이 희박한 미래를 가정하는 경우

If I **won** the lottery, I **would travel** around the world.
만약 내가 복권에 당첨되면, 나는 전 세계를 여행할 텐데.

→ 현재의 상황을 반대로 가정하는 가정법 과거 문장으로, 현재 복권에 당첨되지 않았지만 당첨된 상태라고 상황을 가정해 보는 것이다.

If I **had won** the lottery, I **would have traveled** around the world.
만약 내가 복권에 당첨되었더라면, 나는 전 세계를 여행했을 텐데.

→ 과거의 상황을 반대로 가정하는 가정법 과거완료 문장으로, 과거에 복권에 당첨되지 않았었지만 당첨되었을 상황을 가정해 보는 것이다.

If I **were to win** the lottery, I **would travel** around the world.
혹시라도 내가 복권에 당첨된다면, 나는 전 세계를 여행할 것이다.

→ 가능성이 희박한 미래를 가정하는 가정법 미래 문장으로, 미래에 복권에 당첨될 가능성은 희박하지만 당첨되는 상황을 가정해보는 것이다.

2. 가정법 문장과 조건절 문장

가정법 문장은 if로 시작하는 조건절(직설법) 문장과 구별해야 한다.

■ 가정법 문장과 조건절 문장의 시제

가정법 문장	현재·과거의 상황을 반대로 가정
조건절 문장 (직설법)	어떤 일을 실제 사실로 받아들이고 말함

If I **were** late to work, my boss **would get** angry.
만약 내가 업무 시간에 늦는다면, 나의 상사는 화를 낼 텐데.

If I **am** late to work, my boss **gets** angry. 내가 업무 시간에 늦으면, 나의 상사는 화를 낸다.

→ 두 번째 문장과 같이 어떤 일을 실제 사실로 받아들이고 말하는 경우를 직설법이라 하며, 이때의 if절을 조건절이라고 한다. 현재 상황의 반대를 나타낼 때 과거 시제, 과거 상황의 반대를 나타낼 때 과거완료 시제를 쓰는 가정법과 달리, 조건절에는 현재 표현에 현재 시제, 과거 표현에는 과거 시제를 쓴다.

① 가정법 과거: 현재의 상황을 반대로 가정

If + 주어 + 과거 동사(be동사는 were),	주어 + would/should could/might + 동사원형
If절(만약 ~하다면)	주절(~할 텐데)

If Rita **had** vacation time, she (**would visit**, ~~will visit~~) Sydney.

만약 Rita에게 휴가가 있다면, 그녀는 시드니를 방문할 텐데. (현재 Rita는 휴가가 없어서 시드니를 방문하지 못한다)

If we were married, we (**would move**, ~~will move~~) out of the city.

만약 우리가 결혼한 상태라면, 도시 밖으로 이사 갈 텐데. (결혼을 안 해서 이사를 못 간다)

② 가정법 과거완료: 과거의 상황을 반대로 가정

If + 주어 + had p.p.,	주어 + would/should could/might + have p.p.
If절(만약 ~했었다면)	주절(~했을 텐데)

If he **had brought** his receipt, he (**would have returned**, ~~would return~~) his shoes.

만약 그가 영수증을 가져왔더라면, 그는 신발을 환불했을 텐데. (과거에 그는 영수증을 가져오지 않았다)

If you **hadn't told** me, I (**would have never known**, ~~would never know~~) he was here.

당신이 내게 말해주지 않았다면, 그가 여기 있었는지 결코 몰랐을 거예요. (과거에 당신은 내게 그가 여기 있다고 말해주었다)

📖 **기출로 체크**

우리말을 영어로 잘못 옮긴 부분이 있다면 바르게 고치세요.   [2017년 지방직 9급 (12월 추가)]

내가 열쇠를 잃어버리지 않았더라면 모든 것이 괜찮았을텐데.
→ Everything would have been OK if I haven't lost my keys.

[정답] if I haven't lost ⇒ if I hadn't lost

① 가정법 미래: 가능성이 희박한 미래를 가정

<table>
<tr>
<td rowspan="2">If + 주어 + should + 동사원형,</td>
<td rowspan="2">주어 +</td>
<td>will/would
can/could
may/might
should</td>
<td rowspan="2">+ 동사원형</td>
</tr>
<tr><td></td></tr>
<tr>
<td>If절((혹시라도) 만약 ~하다면)</td>
<td colspan="2">주절(~할 것이다)</td>
<td></td>
</tr>
<tr>
<td>If + 주어 + were to + 동사원형,</td>
<td>주어 +</td>
<td>would/should
could/might</td>
<td>+ 동사원형</td>
</tr>
<tr>
<td>If절((혹시라도) 만약 ~하다면)</td>
<td colspan="2">주절(~할 것이다)</td>
<td></td>
</tr>
</table>

If the congressman **should appear**, the press **will interview** him.

(혹시라도) 만약 그 국회의원이 나타난다면, 기자단이 그를 인터뷰할 것이다.

If all glaciers **were to melt**, the earth (**would be**, ~~will be~~) flooded.

(혹시라도) 만약 모든 빙하가 녹는다면, 지구는 물에 잠기게 될 것이다.

② 혼합 가정법: 과거 상황을 반대로 가정했을 때 그 결과가 현재에 영향을 미치는 경우

<table>
<tr>
<td>If + 주어 + had p.p.,</td>
<td>주어 +</td>
<td>would/should
could/might</td>
<td>+ 동사원형</td>
</tr>
<tr>
<td>If절(만약 (과거에) ~했었더라면)</td>
<td colspan="2">주절((지금) ~할 텐데)</td>
<td></td>
</tr>
</table>

If I **had done** my homework, I (**could go**, ~~could have gone~~) to a movie now.

→ 혼합 가정법의 주절에는 주로 now(지금)과 같은 현재를 나타내는 단서가 함께 온다.

📝 **기출로 체크**

어법상 틀린 부분이 있다면 바르게 고치세요.   [2016년 지방직 9급]

If she took the medicine last night, she would have been better today.

그녀가 지난밤에 약을 먹었다면 오늘은 몸이 더 나았을 텐데.

[정답] took ⇒ had taken, would have been ⇒ would be

① 가정법 도치

> ①   ②   ③
> ~~If~~ the cameras were not so expensive, I would go buy one.
>
> **Were** the cameras not so expensive, I would go buy one.
> 카메라가 그렇게 비싸지 않다면, 하나 사러 갈 텐데.

① if절의 if를 생략한다.
② 주어가 동사 뒤로 이동한다.
③ 동사가 문장의 제일 앞으로 온다. 가정법 과거완료와 가정법 미래 문장에서는 '조동사'가 가장 앞으로 온다.

미래   **If Jackie should meet with the lawyer**, they may finalize the contract today.
      → **Should Jackie meet with the lawyer**, they may finalize the contract today.
      혹시라도 Jackie가 그 변호사와 만난다면, 그들은 오늘 그 계약을 마무리 지을지도 모른다.

② Were it not for / Had it not been for 가정법 구문

과거	Were it not for + 명사, ~가 없다면/~가 아니라면 -할 텐데	주어 + would/should/could/might + 동사원형
과거완료	Had it not been for + 명사, ~가 없었다면/~가 아니었다면 -했을 텐데	주어 + would/should/could/might + have p.p.

Were it not for the turbulence, the flight (**would be**, ~~will be~~) enjoyable.
난기류가 없다면, 비행이 즐거울 텐데.

Had it not been for the turbulence, the flight (**would have been**, ~~would be~~) enjoyable.
난기류가 없었더라면, 비행이 즐거웠을 텐데.

> ☀ **고득점 포인트**
> Were it not for와 Had it not been for는 if not for, but for, without으로 바꿔 쓸 수 있다.

📖 **기출로 체크**

어법상 틀린 부분이 있다면 바르게 고치세요.   [2018년 국회직 9급]

Should you need further information, please contact me. 혹시라도 추가 정보가 필요하다면, 저에게 연락해주세요.

[정답] 맞는 문장

기출포인트 04 | 기타 가정법

출제빈도 ★★★

① I wish 가정법

과거	I wish + 주어 + 과거 동사 (현재) ~하면 좋을 텐데
과거완료	I wish + 주어 + had p.p. (과거에) ~했다면 좋을 텐데

I wish I lived in a warmer climate. 내가 더 따뜻한 기후에서 산다면 좋을 텐데.
I wish I had lived in a warmer climate. 내가 더 따뜻한 기후에서 살았다면 좋을 텐데.

② It's (high/about) time 가정법

과거	It's (high/about) time + 주어 + 과거 동사/should + 동사원형 ~해야 할 때이다

It's high time we **started** offering our customers a wider range of products.
우리의 고객들에게 더 다양한 제품들을 제공하기 시작할 때이다.
It's high time you **should** go to bed. 네가 잠자리에 들어야 할 시간이다.

③ As if/As though 가정법

과거	주어 + 동사 + as if/as though + 주어 + 과거 동사 마치 ~인 것처럼
과거완료	주어 + 동사 + as if/as though + 주어 + had p.p. 마치 ~이었던 것처럼

She speaks (**as if, as though**) she were a celebrity. 그녀는 마치 그녀가 유명인사인 것처럼 말한다.

④ 자주 쓰이는 가정법 관련 표현

what if ~하면 어쩌지	if at all 기왕에 ~할 거면	if not all 전부는 아니지만
if anything 사실은	if any 만약에 있다면, 만일 있다 해도	as it were 말하자면

What if I fail the exam? 내가 시험에 낙제하면 어쩌지?

📖 기출로 체크

어법상 틀린 부분이 있다면 바르게 고치세요. [2017년 기상직 9급]

I wish I will use my imagination earlier. 내가 조금 더 일찍 내 상상력을 활용했다면 좋았을 텐데.

[정답] will use ⇒ had used

01 **어법상 옳은 것은?** [2018년 지방직 9급]

① Please contact to me at the email address I gave you last week.

② Were it not for water, all living creatures on earth would be extinct.

③ The laptop allows people who is away from their offices to continue to work.

④ The more they attempted to explain their mistakes, the worst their story sounded.

02 **우리말을 영어로 잘못 옮긴 것은?** [2012년 지방직 9급]

① 그는 마치 자신이 미국 사람인 것처럼 유창하게 영어로 말한다.

→ He speaks English fluently as if he were an American.

② 우리 실패하면 어떻게 하지?

→ What if we should fail?

③ 만일 내일 비가 온다면, 나는 그냥 집에 있겠다.

→ If it rains tomorrow, I'll just stay at home.

④ 뉴턴이 없었다면 중력법칙은 발견되지 않았을 것이다.

→ If it was not for Newton, the law of gravitation would not be discovered.

01 　**기출포인트** 　**가정법 도치** 　　　　　　　　　　　　　　　　　　　　　　　　정답 ②

해설 if절에 if가 생략된 가정법 과거 구문 Were it not for(~가 없다면)가 오면, 주절에도 가정법 과거를 만드는 '주어 + would/should/could/might + 동사원형' 형태가 와야 하므로 all living creatures on earth would be가 올바르게 쓰였다.

오답 분석 ① 　**기출포인트** 　**혼동하기 쉬운 자동사와 타동사** 동사 contact(연락하다)는 전치사(to) 없이 목적어(me)를 바로 취하는 타동사이므로 contact to me를 contact me로 고쳐야 한다.

③ 　**기출포인트** 　**주격 관계절의 수 일치** 주격 관계절(who ~ offices)의 동사는 선행사(people)에 수 일치시켜야 하는데, 선행사가 복수 명사이므로 단수 동사 is를 복수 동사 are로 고쳐야 한다. 참고로, to 부정사 to continue는 동사 allow의 목적격 보어 자리에 올바르게 쓰였다.

④ 　**기출포인트** 　**비교급** 문맥상 '그들이 실수를 설명하려고 더 시도할수록, 그들의 이야기는 더 나쁘게 들렸다'라는 의미가 되어야 자연스럽고, '더 ~할수록 더 -하다'는 비교급 표현 'The + 비교급(more) + 주어 + 동사 ~, the + 비교급(worse) + 주어 + 동사 -'의 형태로 나타낼 수 있으므로, 최상급 worst를 비교급 worse로 고쳐야 한다.

해석 ① 제가 지난주에 드렸던 이메일 주소로 저에게 연락해 주세요.
② 물이 없다면, 지구상의 모든 생명체들은 멸종될 것이다.
③ 노트북 컴퓨터는 사무실을 떠나 있는 사람들이 일을 계속할 수 있게 한다.
④ 그들이 그들의 실수를 설명하려고 더 시도할수록, 그들의 이야기는 더 나쁘게 들렸다.

어휘 creature 생명체　extinct 멸종된　attempt 시도하다　sound ~하게 들리다

02 　**기출포인트** 　**가정법 과거완료** 　　　　　　　　　　　　　　　　　　　　　정답 ④

해설 '뉴턴이 없었다면 중력법칙은 발견되지 않았을 것이다'라는 과거 상황을 반대로 가정하고 있으므로, 가정법 과거완료 'If + 주어 + had (not) p.p., 주어 + would (not) + have p.p.' 형태로 나타낼 수 있다. 따라서, was not for는 had not been for로, would not be discovered는 would not have been discovered로 고쳐야 한다.

오답 분석 ① 　**기출포인트** 　**기타 가정법** '그는 마치 미국 사람인 것처럼 말한다'는 As if 가정법을 사용하여 '주어 + 동사 + as if + 주어 + 과거 동사'로 나타낼 수 있으므로 He speaks ~ as if he were an American이 올바르게 쓰였다.

② 　**기출포인트** 　**기타 가정법** 가정법 관련 표현 What if(~하면 어쩌지)를 사용하여 What if we should fail이 올바르게 쓰였다.

③ 　**기출포인트** 　**현재 시제** 조건을 나타내는 부사절(If it rains tomorrow)에서는 미래를 나타내기 위해 현재 시제를 사용하므로 현재 시제 rains가 올바르게 쓰였다.

어휘 fluently 유창하게, 거침없이　gravitation 중력, 만유인력　discover 발견하다

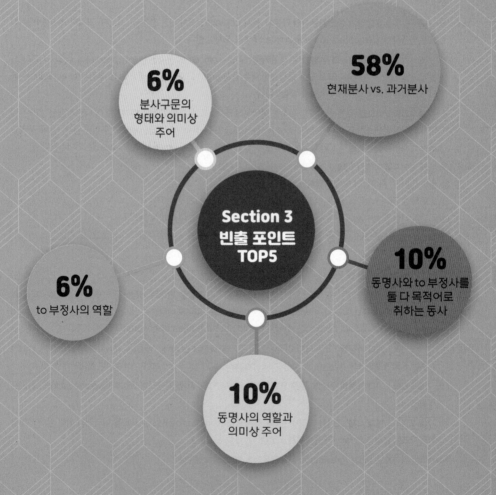

58%
현재분사 vs. 과거분사

6%
분사구문의
형태와 의미상
주어

Section 3
빈출 포인트
TOP5

10%
동명사와 to 부정사를
둘 다 목적어로
취하는 동사

6%
to 부정사의 역할

10%
동명사의 역할과
의미상 주어

Section ③
준동사구

BASIC GRAMMAR 기본기 다지기

1. to 부정사

to 부정사는 'to + 동사원형'의 형태를 가지며, 문장에서 **명사, 형용사, 부사 역할**을 한다.

명사 역할	He likes **to eat**. 그는 먹는 것을 좋아한다.
형용사 역할	He ordered food **to eat**. 그는 먹을 음식을 주문했다.
부사 역할	He drove to the restaurant **to eat**. 그는 식사를 하기 위해 식당으로 운전해 갔다.

2. to 부정사의 형태

to 부정사의 부정형은 to 앞에 not을 붙이며, 수동형은 to be p.p., 진행형은 to be -ing, 완료형은 to have p.p.로 쓴다.

부정형	not + to 부정사	I decided **not to leave** for San Diego. 나는 샌디에이고로 떠나지 않기로 결정했다.
수동형	to be p.p.	Friendship is something that needs **to be cherished**. 우정은 소중히 여겨져야 하는 것이다.
진행형	to be -ing	He seems **to be adjusting** to his new life very well. 그는 자신의 새로운 삶에 아주 잘 적응하고 있는 것 같아 보인다.
완료형	to have p.p.	He was smart enough **to have graduated** from the best engineering school. 그는 최고의 공대를 졸업했을 만큼 충분히 똑똑했다.

3. to 부정사의 성질

to 부정사는 동사 역할을 할 수 없지만 동사의 성질을 가지고 있다. 따라서 to 부정사는 **목적어**나 **보어**를 가질 수 있고 부사의 꾸밈을 받을 수 있다.

to 부정사 + 목적어	She hopes **to write** novels. 그녀는 소설을 쓰고 싶어 한다.
to 부정사 + 보어	She hopes **to become** a writer. 그녀는 소설가가 되고 싶어 한다.
to 부정사 + 부사	She hopes **to write** professionally. 그녀는 전문적으로 글을 쓰고 싶어 한다.

① to 부정사의 역할

명사 역할	주어, 목적어, 보어로 쓰임	**To live happily** is the key to life for many. 행복하게 사는 것은 많은 사람의 삶의 핵심이다.
형용사 역할	명사 수식	Ms. Carlson has a document **to deliver** to a client. Ms. Carlson은 고객에게 전달해야 할 서류를 가지고 있다.
부사 역할	동사, 형용사, 부사, 문장 전체 수식	He went to the information desk **to ask for help**. 그는 도움을 요청하기 위해 안내 데스크로 갔다.

*to 부정사가 부사 역할을 할 때는 '목적, 이유, 결과'를 나타낸다.

> **고득점 포인트**
>
> 1. to 부정사가 목적을 나타낼 때 to 대신 in order to, so as to를 쓸 수 있다.
> 2. to 부정사가 결과를 나타낼 때는 to 부정사 앞에 only, never과 같은 부사를 써서 의도되지 않은 결과(only)나 부정(never)을 나타낼 수 있다.
>   She kept crying, **only** <u>to make</u> her mom angrier. 그녀는 계속 울었지만, 그녀의 엄마를 더 화나게 했을 뿐이다.

② 'be 동사 + to 부정사'의 의미

예정 ~할 예정이다	I **am to** enroll in a driving school pretty soon. 나는 조만간 운전 학원에 등록할 예정이다.
가능 ~할 수 있다	This wood **is to** be made into a bookshelf. 이 나무는 책장으로 만들어질 수 있다.
의무 ~해야 한다	Viewers **are to** be over 18 to attend. 관람객들은 참석하기 위해 18세 이상이 되어야 한다.
운명 ~할 운명이다	The Roman Empire **was to** fall. 로마 제국은 멸망할 운명이었다.
의도 ~하려고 하다	If you **are to** succeed, you must set a goal first. 성공하려고 한다면, 너는 먼저 목표를 설정해야 한다.

> **기출로 체크**
>
> **우리말을 영어로 잘못 옮긴 부분이 있다면 바르게 고치세요.**   [2019년 지방직 7급]
>
> 그녀의 감정을 상하게 하지 않으려고, 그는 독감으로 매우 아팠다고 말했다.
> → He said he was very sick with a flu, so as not hurting her feelings.
>
> [정답] so as not hurting ⇒ so as not to hurt

① to 부정사의 의미상 주어의 용법과 형태

문장의 주어와 to 부정사의 행위 주체가 달라서 to 부정사의 의미상 주어가 필요한 경우, 'for + 명사/목적격 대명사' 또는 'of + 명사/목적격 대명사'를 to 부정사 앞에 쓴다.

for + 명사/목적격 대명사	+ to 부정사
성격·성질을 나타내는 형용사 + of 명사/목적격 대명사	

The goal of this workshop is **for the staff** to improve their teamwork skills.
　　주어　　　　　　　　　　　for + 명사　　to 부정사
이 연수회의 목적은 직원들이 그들의 팀워크 능력을 향상시키는 것이다.

It is best **for me** to stay indoors on a rainy day.　나는 비 오는 날에 실내에 머무르는 것이 가장 좋다.
주어　　　　for + 대명사　to 부정사

It was thoughtful **of the guests** to bring over a housewarming gift.
주어　　　　형용사　　　　of + 명사　　　to 부정사
집들이 선물을 가져오다니 그 손님들은 사려 깊구나.

It is kind **of her** to donate for the homeless.　노숙자들을 위해 기부하다니 그녀는 친절하다.
주어　형용사 of + 대명사　to 부정사

 기출로 체크

우리말을 영어로 잘못 옮긴 부분이 있다면 바르게 고치세요.　　　　　　　　　　[2019년 지방직 9급]

나는 내 아들이 읽을 책을 한 권 사야 한다.
→ I should buy a book for my son to read.

[정답] 맞는 문장

① to 부정사를 취하는 동사

동사 + 목적어						
~하기를 원하다	want to	need to	wish to	hope to	desire to	expect to
~하기를 계획·시도·결정하다	plan to	prepare to	attempt to	intend to	mean to	decide to
~하기를 제안·약속·거절하다	offer to	ask to	promise to	refuse to	agree to	
기타	manage to (간신히) ~해내다		fail to ~하지 못하다		afford to ~할 수 있다	

동사 + 목적어 + 목적격 보어				
~가 –하게 부추기다	cause 목 to	ask 목 to	convince 목 to	encourage 목 to
~가 –하게 강요하다	force 목 to	compel 목 to	get 목 to	tell 목 to
~가 –하게 허락하다	allow 목 to	permit 목 to	enable 목 to	forbid 목 to ~을 금지하다
~가 –하라고 알려주다	remind 목 to	advise 목 to	warn 목 to	
~가 –하기를 원하다	want 목 to	need 목 to	expect 목 to	require 목 to

동사 + 주격 보어
seem to ~인 것 같다   appear to ~인 것처럼 보이다

② to 부정사를 취하는 형용사/명사

명사 + to 부정사	chance	time	right	opportunity	way
형용사 + to 부정사	be able to	be likely to	be willing to	be about to	

③ to 부정사 관용 표현

too ~ to 너무 ~해서 –할 수 없다   be supposed to ~하기로 되어 있다   enough to ~하기에 충분히 –하다
be inclined to ~하는 경향이 있다   be projected to ~할 것으로 예상되다

기출로 체크

어법상 틀린 부분이 있다면 바르게 고치세요. [2017년 지방직 9급 (6월 시행)]

The rings of Saturn are so distant to be seen from Earth without a telescope.

토성의 고리는 너무 멀리 있어서 망원경 없이는 지구에서 볼 수 없다.

[정답] so distant to be seen ⇒ too distant to be seen

① 원형 부정사를 목적격 보어로 취하는 동사

사역동사 make/let/have	+ 목적어 + 원형 부정사
준 사역동사 help	+ 원형 부정사/to 부정사 + 목적어 + 원형 부정사/to 부정사
지각동사 hear/see/watch/notice…	+ 목적어 + 원형 부정사/현재분사

The man **made** the taxi driver (**wait**, ~~to wait~~) for him while he went to the bank.
그 남자는 그가 은행에 다녀오는 동안 택시 기사를 기다리게 했다.

Counselors **help** undergraduate students (**to**) **choose** their majors.
지도 교사들은 학부생들이 전공을 선택하는 것을 돕는다.

I **heard** the train **approach** from the distance. 나는 멀리서 기차가 다가오는 소리를 들었다.

I **heard** the train **approaching** from the distance. 나는 멀리서 기차가 다가오고 있는 소리를 들었다.

💡 고득점 포인트

1. get은 '~하게 만들다'라는 사역의 의미를 가지고 있지만, 목적격 보어로 원형 부정사가 아닌 to 부정사가 와야 한다.
   They got Victor **to come** to the club. 그들은 Victor가 동호회에 오게 했다.

2. 사역동사·지각동사의 목적어와 목적격 보어가 수동 관계이면, 목적격 보어로 과거분사가 와야 한다.
   I heard <u>the winner</u> announced. 나는 우승자가 발표되는 것을 들었다.
   <u>지각동사</u>   목적어

   단, 사역동사 let은 목적어와 목적격 보어가 수동 관계일 때 목적격 보어로 'be + p.p.'를 취한다.
   He let <u>my car</u> <u>be parked</u> in his spot. 그는 나의 차를 그의 자리에 주차되도록 허락했다.
   　　　　목적어　　be + p.p.

📖 기출로 체크

우리말을 영어로 잘못 옮긴 부분이 있다면 바르게 고치세요.　　　　　[2016년 지방직 7급]

그 교육 정책은 아동들이 빈곤에서 벗어나도록 도와 주었다.
→ The educational policy helped escape children out of poverty.

[정답] helped escape children ⇒ helped children (to) escape

01 밑줄 친 부분 중 어법상 옳지 않은 것은?　　　　　　　　　[2015년 서울시 9급]

> Most European countries failed ① to welcome Jewish refugees ② after the war,
> which caused ③ many Jewish people ④ immigrate elsewhere.

02 어법상 옳은 것을 고르시오.　　　　　　　　　　　　　　[2016년 지방직 9급]

① The poor woman couldn't afford to get a smartphone.

② I am used to get up early everyday.

③ The number of fires that occur in the city are growing every year.

④ Bill supposes that Mary is married, isn't he?

01   기출포인트   **to 부정사를 취하는 동사**   정답 ④

해설   동사 cause(~가 -하게 하다)는 to 부정사를 목적격 보어로 취하는 동사이므로 동사원형 immigrate를 to 부정사 to immigrate로 고쳐야 한다.

오답 분석   ① 기출포인트   **to 부정사를 취하는 동사** 동사 fail(~하지 못하다)은 to 부정사를 목적어로 취하는 동사이므로 failed 뒤에 to 부정사 to welcome이 올바르게 쓰였다.

② 기출포인트   **전치사 2: 시점** 문맥상 '전쟁 후에'라는 의미가 되어야 자연스러우므로 '~후에'라는 의미를 나타내는 전치사 after가 올바르게 쓰였다.

③ 기출포인트   **수량 표현** 명사 Jewish people은 가산 복수 명사이므로, 가산 복수 명사 앞에 올 수 있는 수량 표현 many가 올바르게 쓰였다.

해석   대부분의 유럽 국가들은 전쟁 후에 유대인 난민들을 받아들이지 못했고, 이는 많은 유대인들이 다른 곳으로 이주하게 했다.

어휘   **welcome** 받아들이다, 환영하다   **Jewish** 유대인의   **refugee** 난민, 망명자   **immigrate** 이주하다, 이민하다   **elsewhere** 다른 곳으로

02   기출포인트   **to 부정사를 취하는 동사**   정답 ①

해설   동사 afford(~할 수 있다, ~할 형편이 되다)는 to 부정사를 목적어로 취하는 동사이므로 afford 뒤에 to 부정사 to get이 올바르게 쓰였다.

오답 분석   ② 기출포인트   **동명사 관련 표현** 문맥상 '매일 일찍 일어나는 것에 익숙하다'라는 의미가 되어야 자연스럽고, '-에 익숙하다'는 동명사 관련 표현 be used to -ing를 사용하여 나타낼 수 있으므로 to get up을 to getting up으로 고쳐야 한다.

③ 기출포인트   **수량 표현의 수 일치** 주어 자리에 단수 취급하는 수량 표현 'the number of + 명사'(The number of fires)가 왔으므로 복수 동사 are growing을 단수 동사 is growing으로 고쳐야 한다.

④ **Chapter 19 어순 BASIC GRAMMAR** 앞에 온 평서문의 동사(supposes)가 일반동사이므로, 부가 의문문의 be동사의 부정형 isn't를 일반동사의 부정형 doesn't로 고쳐야 한다. 참고로, 평서문이 긍정문이면 뒤에 부정 부가 의문문이 온다.

해석   ① 그 가난한 여자는 스마트폰을 살 수 없었다.
② 나는 매일 일찍 일어나는 것에 익숙하다.
③ 도시에서 발생하는 화재의 수가 매년 증가하고 있다.
④ Bill은 Mary가 결혼했다고 생각해, 그렇지 않니?

어휘   **occur** 발생하다, 일어나다   **suppose** 생각하다, 가정하다

BASIC GRAMMAR 기본기 다지기

1. 동명사의 역할

동명사는 동사에서 나왔지만 문장에서 동사 역할이 아니라 **명사 역할**을 한다.

The team practicing. [X]

The team stopped practicing. [O] 그 팀은 연습하는 것을 멈추었다.
　　　　　　　　명사 역할(목적어)

→ 위 두 문장에서 볼 수 있듯이 동명사(practicing)는 동사에서 나왔지만 동사 역할을 하지 못한다. 동명사는 동사 (stopped)의 목적어처럼 명사 역할을 한다.

2. 동명사의 형태

기본형	동사원형 + -ing	She enjoys **reading** a book. 그녀는 독서를 즐긴다.
부정형	not + -ing	I regret **not studying** for the exam I had today. 나는 오늘 있었던 시험을 위해 공부하지 않은 것을 후회한다.
수동형	being p.p.	The safety rail helped us avoid **being injured**. 안전 레일은 우리가 다치는 것을 피하도록 도와준다.
완료형	having p.p.	He apologized for **having broken** his neighbor's window. 그는 이웃의 창문을 깬 것에 대해 사과했다.

3. 동명사의 성질

동명사는 동사 역할을 할 수 없지만 동사의 성질을 가지고 있다. 따라서 동명사는 **목적어**나 **보어**를 가질 수 있고 부사의 꾸밈을 받을 수 있다.

동명사 + 목적어	**Having** <u>work experience</u> is necessary for applicants. 지원자들에게는 근무 경력을 가지고 있는 것이 필요하다.
동명사 + 보어	**Staying** <u>healthy</u> requires good nutrition. 건강을 유지하는 것은 충분한 영양 섭취를 필요로 한다.
동명사 + 부사	She is known for **working** <u>quickly</u>. 그녀는 빨리 일처리를 하는 것으로 알려져 있다.

→ 위 문장과 같은 '동명사 + 목적어/보어/부사'의 덩어리를 '동명사구'라고 부른다.

① 동명사의 역할

주어	**Volunteering** is a beneficial experience for young people. 자원 봉사를 하는 것은 젊은이들에게 유익한 경험이다.
동사의 목적어	Peter enjoys **instructing** students about physical fitness. Peter는 신체 건강에 대해 학생들을 가르치는 것을 즐긴다.
전치사의 목적어	Tim knows much about **taking** photos. Tim은 사진 찍는 것에 대해서 많이 알고 있다.
보어	My job is **designing** websites. 나의 직업은 웹사이트를 제작하는 것이다.

② 동명사 자리

(**Determining**, ~~Determine~~) the cause of the network problem will take several hours.

네트워크 문제의 원인을 밝히는 데에는 몇 시간이 걸릴 것이다.

→ 문장의 주어 자리에 동사(Determine)는 올 수 없으며 명사 역할을 하는 동명사(Determining)가 와야 한다.

Paul made an effort to learn English by (**enrolling**, ~~enroll~~) in a course.

Paul은 수업에 등록해서 영어를 배우고자 노력했다.

→ 전치사(by)의 목적어 자리에 동사(enroll)는 올 수 없으며 명사 역할을 하는 동명사(enrolling)가 와야 한다.

③ 동명사의 의미상 주어

문장의 주어와 동명사의 행위 주체가 달라 동명사의 의미상 주어가 필요한 경우, 명사·대명사의 소유격을 동명사 앞에 쓴다.

Many tourists enjoy **the actor's** performing scenes for passersby.
　주어　　　　　명사의 소유격　동명사
많은 관광객들은 그 배우가 행인들을 위해 장면들을 연기하는 것을 즐긴다.

We discussed **your** transferring to another branch. 우리는 당신이 다른 지사로 전근가는 것에 대해 논의했다.
주어　　　대명사의 소유격　동명사

📖 **기출로 체크**

우리말을 영어로 잘못 옮긴 부분이 있다면 바르게 고치세요. [2012년 지방직 9급]

이것은 상호 부조 집단 내에서 도움을 주는 것이 자구 행위의 한 형태가 되는 주요한 방법들 중 하나이다.

→ This is one of the important ways in which give help in a mutual aid group is a form of self-help.

[정답] give ⇒ giving

① 동명사를 목적어로 취하는 동사

제안·고려	suggest -ing 제안하다	recommend -ing 추천하다	consider -ing 고려하다
중지·연기	stop -ing 그만두다 delay -ing 연기하다 quit -ing 그만두다	give up -ing 포기하다 finish -ing 끝내다	discontinue -ing 중지하다 postpone -ing 연기하다
부정적 의미	dislike -ing 싫어하다 mind -ing 꺼리다	resist -ing 반대하다 avoid -ing 피하다	deny -ing 부인하다
기타	enjoy -ing 즐기다 admit -ing 인정하다 keep -ing 계속하다	risk -ing 감행하다 allow -ing 허락하다	imagine -ing 상상하다 practice -ing 연습하다

He suggested (**implementing**, ~~to implement~~) updates to the security system.

그는 보안 시스템에 업데이트를 적용할 것을 제안했다.

She quit (**drinking**, ~~to drink~~) two months ago. 그녀는 두 달 전에 술을 끊었다.

Each member of the team denied (**making**, ~~to make~~) the mistake.

그 팀의 각 구성원은 실수한 것을 부인했다.

The museum doesn't allow (**taking**, ~~to take~~) pictures. 그 박물관은 사진 촬영하는 것을 허락하지 않는다.

📖 **기출로 체크**

어법상 틀린 부분이 있다면 바르게 고치세요.   [2011년 서울시 9급]

They should practice to play the guitar whenever they can.

그들은 그들이 할 수 있을 때마다 기타 치는 것을 연습해야 한다.

[정답] to play ⇒ playing

03 | 동명사와 to 부정사 둘 다 목적어로 취하는 동사   출제빈도 ★★

① 동명사가 목적어일 때와 to 부정사가 목적어일 때 의미가 동일한 경우

시작하다 / 계속하다	begin 시작하다	start 시작하다	continue 계속하다	
좋아하다 / 싫어하다	like 좋아하다	love 좋아하다	prefer 선호하다	hate 싫어하다

I will begin (**taking**, **to take**) courses on Roman history in June.

나는 6월에 로마 역사에 관한 수업을 수강하는 것을 시작할 것이다.

→ begin은 동명사(taking)와 to 부정사(to take) 둘 다 목적어로 취할 수 있으며, 이때 의미의 차이는 없다.

② 동명사가 목적어일 때와 to 부정사가 목적어일 때 의미가 다른 경우

	+ -ing (과거 의미)	+ to 부정사 (미래 의미)
remember	~한 것을 기억하다	~할 것을 기억하다
forget	~한 것을 잊다	~할 것을 잊다
regret	~한 것을 후회하다	~하게 되어 유감스럽다

He remembered **attending** the neighborhood party last year.

그는 작년에 이웃 파티에 참석했던 것을 기억했다. (이미 참석했다)

He remembered **to attend** the neighborhood party this year.

그는 올해 이웃 파티에 참석할 것을 기억했다. (아직 참석하지 않아서 참석해야 한다)

💡 고득점 포인트

1. try 뒤에 동명사가 오면 '(시험 삼아) ~을 해보다'라는 의미이고, to부정사는 '~하려고 노력하다'라는 의미이다.
   · I tried **eating** kimchi. 나는 김치를 (시험 삼아) 먹어봤다.
   · I tried **to eat** kimchi. 나는 김치를 먹어보려고 노력했다.

2. stop 뒤의 동명사는 목적어로 '~하는 것을 멈추다'라는 의미이고, to 부정사는 부사적 용법으로 '~하기 위해 (하던 일을) 멈추다'라는 의미이다.
   · She stopped **smoking**. 그녀는 흡연하는 것을 멈췄다.
   · She stopped **to smoke**. 그녀는 흡연하기 위해 멈췄다.

📝 기출로 체크

우리말을 영어로 잘못 옮긴 부분이 있다면 바르게 고치세요.   [2020년 지방직 9급]

나는 네 열쇠를 잃어버렸다고 네게 말한 것을 후회한다.

→ I regret to tell you that I lost your key.

[정답] to tell ⇒ telling

04 | 동명사 관련 표현

① 동사(구) + 전치사 to + -ing

contribute to -ing -에 공헌하다	be accustomed to -ing -에 익숙하다
be devoted to -ing -에 헌신하다	be attributed to -ing -의 탓이다
look forward to -ing -을 고대하다	be opposed to -ing -에 반대하다
be addicted to -ing -에 중독되다	be exposed to -ing -에 노출되다
object to -ing -에 반대하다	be used to -ing -에 익숙하다
be dedicated to -ing -에 헌신하다	be committed to -ing -에 전념하다

Sam **is used to waking** up at 8 a.m. every day. Sam은 매일 오전 8시에 일어나는 것에 익숙하다.

→ be used 뒤에 쓰인 to는 to 부정사가 아니라 전치사이므로, 동명사(waking)가 와야 한다.

🔅 고득점 포인트

아래 표현들은 비슷한 형태를 가지고 있지만 의미는 다르다.

· used to + 동사원형: ~하곤 했다

　There **used to be** a pharmacy on Main Street. 시내 중심가에 약국이 있었다. (지금은 없다)

· be used to + 동사원형: ~하기 위해 사용되다

　This machine **is used to make** microchips. 이 기계는 마이크로칩을 만들기 위해 사용된다.

② 동명사구 관용 표현

go -ing -하러 가다	be worth -ing -할 가치가 있다
be busy in -ing -하느라 바쁘다	on[upon] -ing -하자마자
end up -ing 결국 -하다	It's no use[good] -ing -해도 소용 없다
spend + 시간/돈 + (in) -ing -하는 데 시간/돈을 쓰다	
have difficulty[trouble/a problem] (in) -ing -하는 데 어려움을 겪다	
cannot help -ing -하지 않을 수 없다 (= have no choice but + to 부정사)	

Sometimes I **have difficulty remembering** people's faces.

나는 가끔 사람들의 얼굴을 기억하는 데에 어려움을 겪는다.

📖 기출로 체크

어법상 틀린 부분이 있다면 바르게 고치세요. [2021년 지방직 9급]

Upon arrived, he took full advantage of the new environment.

도착하자마자, 그는 새로운 환경을 충분히 이용했다.

[정답] arrived ⇒ arriving

01 우리말을 영어로 잘못 옮긴 것은? [2020년 국가직 9급]

① 인간은 환경에 자신을 빨리 적응시킨다.
→ Human beings quickly adapt themselves to the environment.

② 그녀는 그 사고 때문에 그녀의 목표를 포기할 수밖에 없었다.
→ She had no choice but to give up her goal because of the accident.

③ 그 회사는 그가 부회장으로 승진하는 것을 금했다.
→ The company prohibited him from promoting to vice-president.

④ 그 장난감 자동차를 조립하고 분리하는 것은 쉽다.
→ It is easy to assemble and take apart the toy car.

02 우리말을 영어로 잘못 옮긴 것을 고르시오. [2017년 지방직 9급 (6월 시행)]

① 나는 매달 두세 번 그에게 전화하기로 규칙을 세웠다.
→ I made it a rule to call him two or three times a month.

② 그는 나의 팔을 붙잡고 도움을 요청했다.
→ He grabbed me by the arm and asked for help.

③ 폭우로 인해 그 강은 120cm 상승했다.
→ Owing to the heavy rain, the river has risen by 120cm.

④ 나는 눈 오는 날 밖에 나가는 것보다 집에 있는 것을 더 좋아한다.
→ I prefer to staying home than to going out on a snowy day.

01 [기출포인트] **동명사의 형태** 　　　　　　　　　　　　　　　　　　　　　　　　　정답 ③

[해설] 동명사(promoting)의 의미상 주어인 him과 동명사가 '그가 승진이 되다'라는 의미의 수동 관계이므로 동명사의 능동형 promoting을 동명사의 수동형 being promoted로 고쳐야 한다.

[오답 분석]
① [기출포인트] **재귀대명사** 재귀대명사는 주어나 목적어를 강조할 때 쓰이거나, 목적어가 지칭하는 대상이 주어와 동일할 때 쓰이는데, 제시된 문장에서 동사 adapt의 목적어 themselves가 지칭하는 대상이 주어 Human beings와 동일하므로, Human beings quickly adapt themselves ~가 올바르게 쓰였다.

② [기출포인트] **to 부정사 관련 표현** '포기할 수밖에 없었다'는 to 부정사 관련 표현 'have no choice but + to 부정사'(~할 수밖에 없다)를 사용하여 나타낼 수 있으므로 had no choice but to give up이 올바르게 쓰였다.

④ [기출포인트] **병치 구문** 접속사(and)로 연결된 병치 구문에서는 같은 구조끼리 연결되어야 하는데, and 앞에 to 부정사(to assemble)가 왔으므로 and 뒤에도 to 부정사가 와야 한다. 병치 구문에서 나온 두 번째 to는 생략될 수 있으므로 (to) take apart가 올바르게 쓰였다.

[어휘] adapt 적응시키다　give up 포기하다　prohibit A from B A가 B하는 것을 금하다　assemble 조립하다
take apart 분리하다

02 [기출포인트] **동명사와 to 부정사 둘 다 목적어로 취하는 동사** 　　　　　　　　　　　　　정답 ④

[해설] 동사 prefer는 '~보다 -를 더 선호하다'라는 의미로 사용될 때 'prefer + to 부정사 + rather than + to 부정사' 또는 'prefer + 동명사 + to + 동명사'의 형태로 쓴다. 따라서 prefer to staying home than to going out을 prefer to stay home rather than (to) go out 또는 prefer staying home to going out으로 고쳐야 한다.

[오답 분석]
① [기출포인트] **5형식 동사 & 목적어 자리** 동사 make는 5형식 동사로 쓰일 때 'make(made) + 목적어 + 목적격 보어(a rule)' 형태를 취하며, '~이 -하게 만들다'라는 의미를 나타낸다. '그에게 매달 두세 번 전화하는 것을' 규칙으로 만드는 것이므로, 목적어 자리에는 to 부정사구(to call ~ month)가 와야 한다. 그런데, to 부정사구 목적어가 목적격 보어와 함께 오면, 진짜 목적어를 목적격 보어 뒤로 보내고 목적어가 있던 자리에 가짜 목적어 it을 써야 하므로 I made it a rule to call ~ month가 올바르게 쓰였다.

② [기출포인트] **정관사 the** '팔을 붙잡다'는 정관사 the와 함께 'by the + 신체 부위(arm)'의 형태로 나타낼 수 있으므로 by the arm이 올바르게 쓰였다.

③ [기출포인트] **전치사 4: 이유 & 기타 전치사** 전치사(Owing to) 뒤에는 명사 역할을 하는 것이 와야 하므로 전치사 Owing to(~로 인해) 뒤에 명사구 the heavy rain이 올바르게 쓰였다. 또한 '120cm 상승했다'를 나타내기 위해 '~만큼'이라는 의미를 나타내는 전치사 by가 올바르게 쓰였다.

[어휘] grab 붙잡다　owing to ~로 인해, ~ 때문에

BASIC GRAMMAR 기본기 다지기

1. 현재분사와 과거분사

현재분사	동사원형 + -ing	형용사 역할
과거분사	동사원형 + -ed	

She **interesting** book. [X]

She reads an **interesting** book. [O] 그녀는 재미있는 책을 읽는다.
　　　　　　현재분사(능동의 의미)

I got **interested** in the book. [O] 나는 그 책에 흥미를 갖게 되었다.
　　과거분사(수동의 의미)

→ 위 문장에서 볼 수 있듯 분사는 동사에서 나왔지만 동사 역할을 하지 못한다. 첫 번째로 옳은 문장의 현재분사 interesting처럼 명사를 수식하거나 두 번째로 옳은 문장의 과거분사 interested처럼 문장의 보어 자리에 와서 형용사 역할을 한다.

2. 분사의 성질

분사는 동사의 성질을 여전히 가지고 있어서, **목적어**나 **보어**를 가질 수 있고 **부사**의 수식을 받을 수 있다.

분사 + 목적어	There is a long line of people **buying** popcorn. 팝콘을 사는 사람들의 긴 줄이 있다.
분사 + 보어	The singer, **feeling** tense, couldn't sing his song. 그 가수는 긴장해서 자신의 노래를 부를 수 없었다.
분사 + 부사	The employee **typing** quickly is the intern. 빠르게 타자를 치고 있는 그 사원은 인턴이다.

3. 분사구문

분사구문은 '부사절 접속사 + 주어 + 동사' 형태의 부사절을 분사를 이용하여 **부사구로 바꾼 것**으로, 문장에서 부사절 역할을 하는 **수식어 거품**이다.

When <u>he</u> <u>looked down</u> the street, Bob saw the bus approaching.
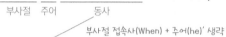
부사절 주어   동사

부사절 접속사(When) + 주어(he)' 생략

Looking down the street, Bob saw the bus approaching.

→ 두 번째 문장의 분사구문(Looking down the street)은 첫 번째 문장의 부사절(When he looked down the street)과 같이, 완전한 문장(Bob saw the bus approaching)에 붙어 '길 아래쪽을 쳐다 보았을 때'와 같은 부가적 의미를 더하며, 문장에 없어도 되는 부가성분인 수식어 거품이다.

① 분사의 역할

명사 수식	명사 앞 수식	**entertaining** musical 재미있는 뮤지컬
	명사 뒤 수식	The news **announced** yesterday 어제 발표된 뉴스
보어 자리	주격 보어	That game looks **entertaining**. 저 게임은 재미있어 보인다.
	목적격 보어	He found an umbrella **left** on the bus. 그는 버스에 남겨진 우산을 발견했다.

② 분사 자리

The book (**ordered**, ~~order~~) online arrived one week later. 온라인으로 주문된 그 책은 일주일 후에 도착했다.

→ 동사(order)는 명사(The book)을 수식할 수 없으므로, 형용사 역할을 하는 분사(ordered)가 와야 한다.

She quickly became (**acquainted**, ~~acquaint~~) with the others.

그녀는 빠르게 다른 사람들과 아는 사이가 되었다.

→ 동사(acquaint)는 주격 보어 자리에 올 수 없으므로, 형용사 역할을 하는 분사(acquainted)가 와야 한다.

📖 **기출로 체크**

어법상 틀린 부분이 있다면 바르게 고치세요. [2014년 국가직 9급]

There are women's magazines cover fashion, cosmetics, and recipes as well as youth magazines about celebrities.

유명인들에 관한 청춘 잡지뿐만 아니라 패션, 화장품, 그리고 요리법을 다루는 여성 잡지들이 있다.

[정답] cover ⇒ covering

① 분사가 명사를 수식하는 경우

현재분사	명사와 분사가 능동 관계
과거분사	명사와 분사가 수동 관계

Staff **working** at the factory wear masks. 공장에서 일하는 직원들은 마스크를 쓴다.

→ 수식받는 명사(staff)와 분사가 '직원들이 일하다'라는 의미의 능동 관계이므로, 현재분사(working)가 왔다.

Ms. Anderson categorized the **collected** data. Ms. Anderson은 수집된 자료를 분류했다.

→ 수식받는 명사(data)와 분사가 '자료가 수집되다'라는 의미의 수동 관계이므로, 과거분사(collected)가 왔다.

② 분사가 주격 보어이거나 목적격 보어일 경우

현재분사	주어/목적어와 분사가 능동 관계
과거분사	주어/목적어와 분사가 수동 관계

She answered (**reading**, ~~read~~) a book. 그녀는 책을 읽으면서 대답을 했다.

→ 주어(She)와 분사가 '그녀가 책을 읽다'라는 의미의 능동 관계이므로, 현재분사(reading)가 와야 한다.

He saw the screen (**broken**, ~~breaking~~). 그는 화면이 깨진 것을 보았다.

→ 목적어(the screen)와 분사가 '화면이 깨지다'라는 의미의 수동 관계이므로, 과거분사(broken)가 와야 한다.

> 💡 **고득점 포인트**
>
> 감정을 나타내는 분사가 수식 또는 보충 설명하는 대상이 감정을 일으키는 원인인 경우 현재분사를 쓰고, 감정을 느끼는 주체인 경우 과거분사를 쓴다.
>
> The video about the endangered animals was **interesting**. 멸종 위기에 처한 동물들에 관한 영상은 흥미로웠다.
>
> The **excited** crowds sang along the song. 흥분한 군중들은 노래를 따라 불렀다.

📖 **기출로 체크**

어법상 틀린 부분이 있다면 바르게 고치세요.   [2018년 국가직 9급]

There's a lot of attention paying to this question of whether it's better to have an optimistic or pessimistic lens.

낙관적인 시각을 갖는 것이 나은지 비관적인 시각을 갖는 것이 나은지에 대한 이 질문에 많은 관심이 기울어져 있다.

[정답] paying ⇒ paid

① 부사절을 분사구문으로 바꾸는 방법

> ① ② ③
> ~~While I~~ drove home, I listened to classical music.
>
> **Driving** home, I listened to classical music. 집으로 운전하면서, 나는 클래식 음악을 들었다.

① 부사절 접속사를 생략한다.
② 주절과 부사절의 주어가 같은 경우 부사절의 주어를 생략한다.
③ 부사절의 동사를 -ing형의 분사로 바꾼다.
   *이때, 주절의 주어와 분사구문이 수동 관계인 경우, 과거분사로 시작한다.

> 🔅 **고득점 포인트**
> 분사구문의 의미를 분명하게 하기 위해 부사절 접속사가 분사구문 앞에 올 수 있다.
> After finishing the project, she went on a vacation. 프로젝트가 끝나고 난 후, 그녀는 휴가를 갔다.

② 분사구문의 형태

부정형	not/never + 분사구문	**Not getting through**, she hung up. 연결이 되지 않았기 때문에, 그녀는 전화를 끊었다.
완료형	having p.p.	**Having taken a vacation**, she came back refreshed. 휴가를 갔다 온 후, 그녀는 기운을 회복해서 돌아왔다.

③ 분사구문의 의미상 주어

주어와 분사구문의 행위 주체가 달라 분사구문의 의미상 주어가 필요한 경우 명사 또는 주격 대명사를 분사구문 앞에 쓴다.

It **being** cold, we decided to stay home. 날씨가 추웠기 때문에, 우리는 집에 계속 있기로 결정했다.
의미상의 주어   주절의 주어

> 📖 **기출로 체크**
> 우리말을 영어로 잘못 옮긴 부분이 있다면 바르게 고치세요.   [2017년 지방직 9급]
>
> 예산은 처음 기대했던 것보다 약 25 퍼센트 더 높다.
> → The budget is about 25% higher than originally expecting.
>
> [정답] expecting ⇒ expected

① 분사구문의 역할: 시간, 이유, 조건 등을 나타내는 부사절 역할

시간	**Eating**(= While I eat) lunch, I watched TV. 점심을 먹으면서, 나는 TV를 봤다.
이유	**Feeling**(= Because I felt) tired, I went home early. 피곤해서, 나는 일찍 집에 갔다.
조건	**Visiting**(= If you visit) the third floor, you can find a cafe. 3층을 방문하면, 당신은 카페를 찾을 수 있습니다.

② with + 명사 + 분사: 동시에 일어나는 상황이나 이유를 나타냄

| with + 명사 + 분사 | 현재분사 (명사와 분사가 능동 관계)
 과거분사 (명사와 분사가 수동 관계) | ~가 -한 채로/하면서, ~ 때문에 |

He was sitting on the chair **with his legs shaking**. 그는 그의 다리를 떨면서 의자에 앉아 있었다.

She is watching movie **with her arms crossed**. 그녀는 팔짱을 낀 채로 그녀가 가장 좋아하는 영화를 보고 있다.

③ 분사구문 관용 표현

according to ~에 따르면	depending on ~에 따라서
providing/provided (that) 만일 ~이라면	considering ~을 고려해보면
supposing/suppose (that) 만일 ~이라면	all things considered 모든 것을 고려해보면
granting/granted (that) 설사 ~이라 하더라도	assuming/given (that) ~이라 가정(고려)하면

All things considered, students should not take their allowance for granted.
모든 것을 고려해보면, 학생들은 용돈을 당연시 여기면 안된다.

📖 **기출로 체크**

어법상 틀린 부분이 있다면 바르게 고치세요. [2021년 법원직 9급]

It's the only fortress city in India still functioning, with one quarter of its population lived within the walls.
이곳은 인구의 4분의 1이 성벽 안에 살고 있으면서 여전히 기능하고 있는 인도의 유일한 요새 도시이다.

[정답] lived ⇒ living

01 밑줄 친 부분 중 어법상 옳지 않은 것을 고르시오. [2016년 국가직 7급]

> Much of the debate over police drones in the United States ① has been over privacy. However, a new concern has come to light: the threat of hackers. Last year, security researcher Nils Rodday claimed he could take over a drone that ② cost between \$30,000 and \$35,000 ③ used just a laptop and forty dollars' ④ worth of special equipment.

02 우리말을 영어로 잘못 옮긴 것은? [2018년 지방직 9급]

① 모든 정보는 거짓이었다.
   → All of the information was false.
② 토마스는 더 일찍 사과했어야 했다.
   → Thomas should have apologized earlier.
③ 우리가 도착했을 때 영화는 이미 시작했었다.
   → The movie had already started when we arrived.
④ 바깥 날씨가 추웠기 때문에 나는 차를 마시려 물을 끓였다.
   → Being cold outside, I boiled some water to have tea.

01 기출포인트 **현재분사 vs. 과거분사** 정답 ③

해설 분사구문의 주어가 주절의 주어(he)와 같아서 생략되었고, 문맥상 분사구문의 주어와 분사가 '그가 노트북과 40달러의 값어치가 있는 특수 장비만을 사용하다'라는 의미의 능동 관계이므로 과거분사 used를 현재분사 using으로 고쳐야 한다. 참고로, that cost ~ $35,000은 선행사 a drone을 수식하는 관계절이다.

오답 분석 ① 기출포인트 **수량 표현의 수 일치** 주어 자리에 단수 취급하는 수량 표현 'much of + 불가산 명사'(Much of the debate)가 왔으므로 단수 동사 has가 올바르게 쓰였다.

② 기출포인트 **능동태·수동태 구별** 문맥상 '3만달러에서 3만 5천달러 사이의 비용이 들다'라는 의미가 되어야 자연스럽고, cost는 '비용이 들다'라는 의미로 쓰일 때 자동사이므로 능동태 cost가 올바르게 쓰였다.

④ 기출포인트 **숙어 표현** 문맥상 '40달러의 값어치가 있는'이라는 의미가 되어야 자연스러우므로 '~의 값어치'를 의미하는 worth of가 올바르게 쓰였다.

해석 미국의 경찰용 무인 비행기에 대한 논쟁의 상당 부분은 사생활에 관한 것이었다. 그러나, 새로운 걱정거리가 나타났다. 해커들의 위협이다. 작년에, 보안 연구원 Nils Rodday는 단지 노트북과 40달러의 값어치가 있는 특수 장비만을 사용해서 3만달러에서 3만 5천달러 사이의 비용이 드는 무인 비행기 한 대를 탈취할 수 있다고 주장했다.

어휘 debate 논쟁, 토론 drone 무인 비행기 concern 걱정거리, 우려 come to light 나타나다, 밝혀지다
take over 탈취하다, 장악하다

02 기출포인트 **분사구문의 의미상 주어** 정답 ④

해설 분사구문과 주절의 주어가 일치하지 않으면 분사구문의 주어를 생략하지 않는다. 해당 문장에서 분사구문의 주어가 날씨를 나타내는 비인칭 주어 it으로 주절의 주어(I)와 일치하지 않으므로 Being cold outside를 It being cold outside로 고쳐야 한다.

오답 분석 ① 기출포인트 **부분 표현의 수 일치** 전체를 나타내는 표현(All of)을 포함한 주어는 of 뒤 명사에 동사를 수 일치시켜야 하는데, of 뒤에 불가산 명사 the information이 왔으므로 단수 동사 was가 올바르게 쓰였다.

② 기출포인트 **조동사 관련 표현** '더 일찍 사과했어야 했다'는 조동사 관련 표현 should have p.p.(~했어야 했다)를 사용하여 나타낼 수 있으므로 should have apologized가 올바르게 쓰였다.

③ 기출포인트 **과거완료 시제** '영화가 이미 시작한' 것은 '우리가 도착한' 특정 과거 시점보다 이전에 일어난 일이므로 과거완료 시제 had already started가 올바르게 쓰였다.

어휘 false 거짓의, 틀린 apologize 사과하다 boil 끓이다

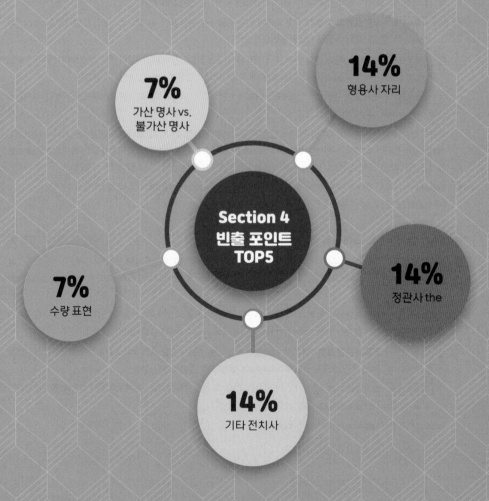

7%
가산 명사 vs.
불가산 명사

14%
형용사 자리

Section 4
빈출 포인트
TOP5

14%
정관사 the

7%
수량 표현

14%
기타 전치사

Section ❹
품사

11 명사와 관사

BASIC GRAMMAR 기본기 다지기

1. 명사

명사는 사람이나 사물, 추상적인 개념 등을 나타내는 단어이다.

사람	student
사물	dog, computer, sun, water, America
추상적 개념	love, belief

2. 가산 명사와 불가산 명사

가산 명사 (셀 수 있는 명사)	보통명사	일반적인 사람, 사물의 이름·명칭	boy, teacher, book, desk, ...
	집합명사	여러 개체가 모여 이룬 하나의 집합	family, people, police, team, ...
불가산 명사 (셀 수 없는 명사)	고유명사	특정한 사람이나 사물의 이름	Korea, Jane, Christmas, ...
	추상명사	실제 형태 없이 추상적으로 존재하는 개념	information, pleasure, peace, ...
	물질명사	형태가 정해져 있지 않은 기체나 액체 등	air, oil, salt, water, ...

3. 관사

관사는 명사 앞에 쓰여 명사의 의미를 한정하며 부정관사와 정관사로 나뉜다.

부정관사 **(a/an)**	정해지지 않은 하나의	There is **a** truck parked in the driveway. 차도에 주차되어 있는 트럭 한 대가 있다.
정관사 **(the)**	이미 언급한, 특별히 정해진	I bought **the** shirt I wanted. 나는 내가 원했던 그 셔츠를 샀다.

① 명사가 올 수 있는 자리

주어	**Water** boils at 100 degrees Celsius. 물은 섭씨 100도에서 끓는다.
타동사의 목적어	James took his **temperature** this morning. James는 오늘 아침 자신의 체온을 쟀다.
전치사의 목적어	She asked about the **function** of the new equipment. 그녀는 그 새로운 장치의 기능에 대해 물었다.
보어	He is the **owner** of several buildings. 그는 빌딩 몇 채의 소유주이다.

② 명사 앞뒤에 오는 품사

관사 + 명사 + 전치사	The lecturer made the students think about the **essence** of arts. 그 강사는 학생들이 예술의 본질에 대해 생각하도록 했다.
형용사/분사 + 명사	The manager has a special **assignment** for Jerry. 그 관리자는 Jerry에게 줄 특별한 임무가 있다.
소유격 + (형용사 +) 명사	The couple invited many people to their **wedding**. 그 커플은 결혼식에 많은 사람들을 초대했다.
명사 + 명사 [복합명사]	She submitted a report on the **climate change**. 그녀는 기후 변화에 대한 보고서를 제출했다.

📖 **기출로 체크**

어법상 틀린 부분이 있다면 바르게 고치세요. [2010년 지방직 7급]

It is beyond imagine that a common actor would be of interest in the future.
한 평범한 배우가 미래에 흥미를 일으킬 거라는 것은 상상을 넘어선 것이다.

[정답] imagine ⇒ imagination

① 가산 명사·불가산 명사의 쓰임

가산 명사	반드시 관사와 쓰이거나 복수형으로 써야함
불가산 명사	부정관사(a/an)와 쓰이거나 복수형으로 쓰일 수 없음

She found (**a wallet**, **wallets**) on the street. 그녀는 길에서 지갑을/지갑들을 발견했다.

Ms. Perez didn't have (**trouble**) finding the hotel. Ms. Perez는 그 호텔을 찾는 데 어려움이 없었다.

② 혼동하기 쉬운 가산 명사·불가산 명사

가산 명사	a price 가격 a result/an outcome 결과 measures 수단·대책	a workplace 일터 a noise 소음 belongings 소지품	a disaster 재해 an excuse 변명
불가산 명사	homework 숙제 stationery 문구류 equipment 장비 population 인구 access 접근, 출입	certification 자격 evidence 증거 advice 조언 news 뉴스 machinery 기계류	information 정보 furniture 가구 knowledge 지식 luggage 수하물, 짐 politics (등의 학문 이름) 정치학

Many travelers feel that (**prices**, ~~price~~) for plane tickets are too expensive.
많은 여행객들이 비행기 티켓의 가격이 너무 비싸다고 느낀다.

Alex's job is unloading (**baggage**, ~~a baggage~~) from planes. Alex의 일은 비행기에서 수하물을 내리는 것이다.

🔅 고득점 포인트

아래 명사들은 가산 명사일 때와 불가산 명사일 때 의미가 다르다.

a light (가산) 조명 / light (불가산) 빛	times (가산) 시대 / time (불가산) 시간, 시기
a room (가산) 방 / room (불가산) 여지, 공간	a work (가산) 작품 / work (불가산) 일

📖 기출로 체크

어법상 틀린 부분이 있다면 바르게 고치세요. [2017년 국가직 9급 (10월 추가)]

Undergraduates are not allowed to using equipments in the laboratory.
대학생들은 실험실에서 장비를 사용하도록 허락되지 않는다.

[정답] equipments ⇒ equipment

명사와 관사

Chapter 11

해커스공무원 영어 문법 고득점 약점노트

03 | 부정관사 a(n)

출제빈도
★

① 부정관사 a(n)의 쓰임

> 부정관사 a(n) + 가산 단수 명사

* 부정관사 a(n)은 복수 명사나 불가산 명사 앞에는 올 수 없다.

Stephen reserved **a** (**seat**, ~~seats~~) at the stadium. Stephen은 경기장 좌석을 예약했다.

② 부정관사 a(n)의 다양한 의미

'하나의(one)'를 나타낼 때	He lent me **a** <u>pen</u>. 그는 나에게 한 자루의 펜을 빌려줬다.
'~ 당/ 마다(per)'를 나타낼 때	He wrote five poems **a** <u>day</u>. 그는 하루 당 시 다섯 편을 썼다.
'어떤(a certain)'을 나타낼 때	She took out her phone and played **a** <u>song</u>. 그녀는 그녀의 휴대폰을 꺼내 (어떤)노래를 재생했다.
'같은(the same)'을 나타낼 때	Birds of **a** <u>feather</u> flock together. 깃털이 같은 새들은 함께 모인다.
종족 전체를 대표할 때	**A** <u>snail</u> moves very slowly. 달팽이는 매우 천천히 움직인다.

③ 부정관사 관련 숙어 표현

a series of 일련의	a part of 일부분의	a range of 다양한
a portion of 일부의	a variety of 다양한	a bit of 약간의

That bakery sells **a variety of** pies. 저 빵집은 다양한 파이를 판매한다.

📖 **기출로 체크**

어법상 틀린 부분이 있다면 바르게 고치세요.   [2018년 국회직 8급]

If you are called to jury duty, you may not hire substitute to take your place.
만약 당신이 배심원의 의무에 소환된다면, 당신은 당신의 자리를 떠맡을 대리인을 고용하지 않을 것이다.

[정답] substitute ⇒ a substitute

① 정관사의 쓰임

정관사 + 가산 단수 명사/복수 명사/불가산 명사

I was told to read **the** book in three days. 나는 3일 안에 그 책을 읽으라는 말을 들었다.
　　　　　　　　가산 단수 명사

He felt **the** music was too loud. 그는 음악 소리가 너무 크다고 느꼈다.
　　　　불가산 명사

② 정관사와 함께 쓰이는 표현

the + 최상급 + 명사	She is **the smartest student** of her class. 그녀는 그녀의 반에서 가장 똑똑한 학생이다.
the + 서수 + 명사	Alex picked up the phone **the second time** it rang. Alex는 전화가 두 번째 울렸을 때 수화기를 들었다.
the + same/only/very + 명사	They work in **the same** building. 그들은 똑같은 건물에서 일한다.
the + top/middle/bottom	She got up in **the middle of** the night. 그녀는 한밤중에 일어났다.
by the + 단위/수량 표현	Vegetables here are sold **by the pound**. 여기 야채는 파운드 단위로 팔린다.
the + 유일한 것	**The sun** rises in the east. 해는 동쪽에서 뜬다.
전치사 + the + 신체	The girl pulled the doll **by the hair**. 그 소녀는 인형의 머리카락을 잡아당겼다.

🔅 **고득점 포인트**

'the + 형용사'는 '~한 사람들'이라는 뜻으로 복수 명사 역할을 한다. 따라서 'the + 형용사' 뒤에는 복수 동사가 온다.
The young have difficulty getting a job. 젊은이들은 직업을 얻는 데 어려움을 겪는다.

📖 **기출로 체크**

어법상 틀린 부분이 있다면 바르게 고치세요.　　　　　　　　　　　　　　　　[2020년 국가직 9급]

Raisins were once an expensive food, and only the wealth ate them.
건포도는 한때 비싼 음식이어서, 부자들만 그것을 먹었다.

[정답] the wealth ⇒ the wealthy

명사와 관사

Chapter 11

해커스공무원 영어 문법 고득점 핵심노트

01 밑줄 친 부분 중 어법상 옳지 않은 것을 고르시오. [2011년 국회직 9급]

> Playing dice has been ① a popular game for Western people, and 6 ② is considered to be the strongest number since it is the biggest number from a dice. Meanwhile, 7 is regarded ③ as the lucky number probably because it is ④ most likely to have 7 in a dice game when you roll two dice at ⑤ a same time.

02 어법상 옳지 않은 것은? [2013년 지방직 9급]

① George has not completed the assignment yet, and Mark hasn't either.

② My sister was upset last night because she had to do too many homeworks.

③ If he had taken more money out of the bank, he could have bought the shoes.

④ It was so quiet in the room that I could hear the leaves being blown off the trees outside.

01 기출포인트 정관사 the 정답 ⑤

해설 same은 정관사 the와 함께 'the same + 명사(time)'의 형태로 쓰이므로 a same time을 the same time으로 고쳐야 한다.

오답분석 ① 기출포인트 가산 명사 & 부정관사 an 가산 명사(game)는 단수일 때 부정관사(a/an)와 함께 쓰이므로 명사를 앞에서 수식하는 형용사 popular와 함께 a popular game이 올바르게 쓰였다.

② 기출포인트 능동태·수동태 구별 주어인 숫자 6과 동사가 '6이 강한 숫자로 여겨지다'라는 의미의 수동 관계이므로 수동태 is considered가 올바르게 쓰였다. 또한, 동사 consider는 목적어 뒤에 'to be + 명사'를 취할 수 있으므로 to be가 올바르게 쓰였다.

③ 기출포인트 기타 전치사 전치사 as와 함께 'be regarded as'(~로 여겨지다)의 형태로 쓰이므로 전치사 as가 올바르게 쓰였다.

④ 기출포인트 정관사 the 문맥상 '7이 나올 가능성이 가장 크다'라는 의미가 되어야 자연스러운데, '~할 가능성이 (가장) 크다'는 형용사 likely(~할 것 같은)를 포함한 표현인 'be (most) likely to + 동사원형'의 형태로 나타낼 수 있으므로 most likely가 올바르게 쓰였다.

해석 서양 사람들에게 주사위 놀이는 인기 있는 놀이이고, 6은 주사위에서 가장 큰 숫자이기 때문에 가장 강한 숫자로 여겨진다. 한편, 아마도 당신이 두 개의 주사위를 동시에 굴렸을 때 주사위 놀이에서 7이 나올 가능성이 가장 크기 때문에 7은 행운의 숫자로 여겨진다.

어휘 dice 주사위 meanwhile 한편, 그 동안에 regard 여기다 be likely to ~할 가능성이 있다

02 기출포인트 불가산 명사 정답 ②

해설 homework(숙제)는 불가산 명사이므로 가산 명사 앞에 오는 수량 표현 many를 불가산 명사 앞에 오는 수량 표현인 much로 고쳐야 하고, 불가산 명사는 복수형으로 쓸 수 없으므로 homeworks를 homework로 고쳐야 한다.

오답분석 ① 기출포인트 현재완료 시제 문맥상 'George는 아직 과제를 끝내지 못했다'라는 의미로 과거에 시작된 일이 현재까지 계속되고 있음을 표현하고 있으므로, 현재완료 시제 has not completed가 올바르게 쓰였다.

③ 기출포인트 가정법 과거완료 문맥상 과거 상황을 반대로 가정하고 있고, If절에 'had p.p.' 형태의 had taken이 왔으므로 주절에 이와 짝을 이루어 가정법 과거완료를 만드는 'could have p.p.' 형태의 could have bought가 올바르게 쓰였다.

④ 기출포인트 5형식 동사 지각동사 hear는 목적격 보어로 현재분사를 취할 수 있는데, 목적어(the leaves)와 목적격 보어가 '나뭇잎이 떨어지다'라는 의미의 수동 관계이므로 수동태 being blown off가 올바르게 쓰였다.

해석 ① George는 아직 과제를 끝내지 못했고, Mark도 마찬가지이다.
② 내 여동생은 너무 많은 숙제를 해야 했기 때문에 어젯밤에 혼란에 빠졌다.
③ 만약 그가 은행에서 더 많은 돈을 찾았다면, 그는 그 신발을 살 수 있었을 것이다.
④ 그 방 안은 매우 조용해서 나는 밖에서 바람에 나뭇잎이 나무에서 떨어지는 소리를 들을 수 있었다.

어휘 complete 끝내다, 완료하다 assignment 과제 upset 혼란에 빠진, 당황한

12 대명사

BASIC GRAMMAR 기본기 다지기

1. 대명사의 역할

대명사는 앞서 나온 명사가 반복되는 것을 막기 위해 앞의 명사를 대신하여 사용하는 것이다. 따라서 대명사는 명사처럼 문장에서 주어, 목적어, 보어 역할을 한다.

I called <u>my mom</u>. **She** answered the phone.　나는 나의 엄마에게 전화했다. 그녀는 전화를 받았다.
　　　　　　　　　　대명사(= my mom)

2. 대명사의 종류

인칭대명사	사람이나 사물을 가리키는 대명사	I, you, she, he, it, they, ...
재귀대명사	인칭대명사에 -self(selves)를 붙여 '- 자신'을 뜻하는 대명사	myself, herself, himself, ...
지시대명사	특정 사물을 가리켜 '이것(들)', '저것 (들)'이란 뜻을 나타내는 대명사	this, that, these, those
부정대명사	불특정한 사람, 사물, 수량 등을 나타내는 대명사	one, another, other, some, any, all, each, every, both, either, neither 등

* 지시대명사와 부정대명사는 명사 앞에서 지시형용사로 쓰이기도 한다.

* 인칭대명사와 재귀대명사의 종류

			주격	소유격	목적격	소유대명사	재귀대명사
1인칭	단수		I	my	me	mine	myself
	복수		we	our	us	ours	ourselves
2인칭	단수		you	your	you	yours	yourself
	복수		you	your	you	yours	yourselves
3인칭	단수	남성	he	his	him	his	himself
		여성	she	her	her	hers	herself
		사물	it	its	it	-	itself
	복수		they	their	them	theirs	themselves

① 인칭대명사의 격

주격	주어 자리 (-은/는/이/가)	**He** works at a bank downtown. 그는 시내에 있는 은행에서 일한다.
소유격	명사 앞 (-의)	**Their** car can hold up to eight passengers. 그들의 차는 승객 8명까지 태울 수 있다.
목적격	타동사의 목적어 자리(-을/를)	My mother sent **me** a package. 나의 어머니께서 내게 소포를 보내주셨다.
	전치사의 목적어 자리(-을/를)	They organized a birthday party **for her**. 그들은 그녀를 위해 생일 파티를 준비했다.
소유 대명사	'소유격 + 명사' 자리 (-의 것)	I'm checking IDs, so please show me **yours**. 신분증을 검사하는 중이오니, 귀하의 것을 보여주십시오.

> **⌾ 고득점 포인트**
> · a/the/some/many + 명사 + of + 소유대명사: '소유대명사'의 '명사'라는 소유의 의미
> He borrowed an umbrella of hers. 그는 그녀의 우산을 빌렸다.

② 재귀대명사의 용법

재귀 용법	목적어가 주어와 같은 사람·사물을 지칭할 때 목적어 자리에 재귀대명사 사용 (생략 불가)
강조 용법	주어나 목적어를 강조할 때 강조하는 대상 바로 뒤나 문장 맨 뒤에 재귀대명사 사용 (생략 가능)

Carla inspected **herself** in the mirror. Carla는 거울에 비친 그녀 자신을 살폈다.
　　　　　　 재귀적 용법 & 생략 불가

You (**yourself**) need to maintain your bike. 당신은 직접 자전거를 점검하며 유지해야 합니다.
　　　 강조 용법 & 생략 가능

③ 재귀대명사 관용 표현

by oneself 홀로, 혼자 힘으로(= alone, on one's own)	in spite of oneself 자기도 모르게
by itself 저절로	for oneself 자기를 위하여, 혼자 힘으로
beside oneself 이성을 잃고, 흥분하여	in itself 자체로, 본질적으로

The guitarist practiced **by himself** until his band arrived.
그 기타리스트는 그의 밴드가 도착할 때까지 홀로 연습했다.

④ 인칭/재귀대명사 사용 시 그것이 지시하는 명사와 일치해야 하는 것

수(단수/복수) , 성(남성/여성), 인칭(1/2/3인칭)

She is planning the festival by (**herself**, ~~himself~~, ~~themselves~~). 그녀는 스스로 축제를 계획하고 있다.
단수/여성/3인칭   단수/여성/3인칭

📖 **기출로 체크**

우리말을 영어로 잘못 옮긴 부분이 있다면 바르게 고치세요.   [2015년 지방직 9급]

당신 아들 머리는 당신 머리와 같은 색깔이다.
→ Your son's hair is the same color as you.

                                    [정답] you ⇒ yours

① 지시대명사 선택

단수 명사 지시	**this, that**	복수 명사 지시	**these, those**

Ms. Crawford's <u>novel</u> sold better than (**that**, ~~those~~) of her rival.
　　　　　　단수 명사

Ms. Crawford의 소설은 그녀의 라이벌의 것보다 더 잘 팔렸다.

> **⊙ 고득점 포인트**
>
> 지시형용사 this/that은 가산 단수 명사와 불가산 명사 앞에, these/those는 가산 복수 명사 앞에 쓰인다.

② 지시대명사 that/those

지시대명사 that/those는 뒤에서 수식어(전치사구, 관계절, 분사)의 꾸밈을 받을 수 있다. 이때, 지시대명사 those는 '~한 사람들'이란 뜻으로 쓰일 수 있다.

Our store's <u>collection</u> is better than **that** of our main competitor.
　　　　　명사　　　　　　　= collection　　　수식어

우리 가게의 콜렉션은 우리의 주요 경쟁 상대의 것보다 더 좋다.

Europe's <u>trains</u> are faster than **those** in the US. 유럽의 기차들은 미국의 것들보다 빠르다.
　　　명사　　　　　　= trains　수식어

Those arriving in France must declare all items. 프랑스에 도착하는 사람들은 반드시 모든 물품을 신고해야 한다.
　　　수식어

📖 기출로 체크

어법상 틀린 부분이 있다면 바르게 고치세요.　　　　　　　　　　　　　　　[2020년 국가직 9급]

The traffic of a big city is busier than those of a small city.
대도시의 교통은 소도시의 그것(교통)보다 더 붐빈다.

[정답] those ⇒ that

① one(ones)

one는 앞에 나온 명사와 같은 종류이지만 정해지지 않은 가산 명사를 대신하며, 복수형은 ones다.

The 5 pm <u>movie</u> is sold out, but the later **one** isn't. 오후 5시 영화는 매진되었지만, 그 이후 영화는 아니다.

② another

'이미 언급한 것 이외의 또 다른 하나'란 뜻의 대명사, 형용사로 쓰인다.

He exchanged the defective <u>TV</u> for **another**. 그는 결함이 있는 TV를 다른 것으로 교환했다.

We should transfer to **another** <u>train</u> here. 우리는 여기서 다른 기차로 환승해야 한다.

③ other(s)

other는 '이미 언급한 것 이외의 것의'란 뜻의 형용사로 복수 명사 앞에 쓰이고, others는 '이미 언급한 것 이외의 것들 중 몇몇'이란 뜻의 대명사로 쓰인다.

Cell phones have **other** <u>functions</u> besides calling. 휴대폰은 통화 기능 외에 다른 기능들도 갖고 있다.

<u>Hardcover books</u> are more expensive than **others**. 두꺼운 표지의 책은 다른 책보다 비싸다.

④ the other(s)

the others는 '정해진 것 중 남은 것 전부'란 뜻의 대명사로 쓰이고, the other는 '정해진 것 중 남은 것의'란 뜻의 형용사로 쓰인다.

I own one of her <u>albums</u>, but I don't have **the others** yet.
나는 그녀의 앨범 중 하나를 소장하고 있지만, 나머지 것들은 아직 갖고 있지 않다.

The <u>left pedal</u> is the accelerator, and **the other** <u>pedal</u> is the brake.
왼쪽 페달은 가속 장치이고, 나머지 한 페달은 감속 장치이다.

> **고득점 포인트**
>
> each other, one another는 '서로서로'라는 뜻으로 쓰인다.
> Those tennis partners are a good match for **each other**. 저 테니스 파트너들은 서로에게 좋은 상대이다.

기출로 체크

어법상 틀린 부분이 있다면 바르게 고치세요. [2018년 법원직 9급]

Human beings, cattle, and lions were finally able to make peace with one another.
인간들, 소들, 그리고 사자들은 마침내 서로 평화를 이룰 수 있었다.

[정답] 맞는 문장

1 some·any

some 몇몇(의), 약간(의)	주로 긍정문에서 쓴다.
any 조금(의)	주로 부정문과 의문문, 조건문에서 쓴다.

Some of my plants need more water. 나의 식물들 중 몇몇은 더 많은 수분이 필요하다.

Jessie doesn't eat **any** meat. Jessie는 조금의 고기도 먹지 않는다.

> 🔆 **고득점 포인트**
> any가 긍정문에 쓰일 경우, '어떤 ~라도', '무엇이든'이라는 의미로 쓰일 수 있다.
> Any student can come to my office and ask questions. 어떤 학생이라도 내 사무실에 와서 질문할 수 있다.

2 all·every·each

all 모든	all (of) + 복수 명사 + 복수 동사	**All (of)** secrets **were** revealed. 모든 비밀들이 밝혀졌다.
	all (of) + 불가산 명사 + 단수 동사	**All (of)** the furniture **was** elegant. 모든 가구가 품격 있었다.
every 모든	every + 단수 명사 + 단수 동사	**Every** person **has** one's story. 모든 사람에게는 사연이 있다.
	every+ -thing/-body/-one + 단수 동사	**Everybody is** expecting the show. 모두가 그 공연을 기대하고 있다.
each 각각(의)	each of + 복수 명사 + 단수 동사	**Each of** the applicants **was** doing their best. 각각의 지원자들은 최선을 다 하고 있었다.
	each + 단수 명사 + 단수 동사	**Each** room **has** a big screen. 각각의 방에는 큰 화면이 있다.

③ both·either·neither

both 둘 모두	both (of) + 복수 명사 + 복수 동사	**Both (of)** the players **are** exhausted. 두 선수 모두 지쳐있다.
either 둘 중 어느 것이든/ 누구든	either of + 복수 명사 + 단/복수 동사	**Either of** the shirts **is[are]** affordable. 둘 중 어느 셔츠든 가격이 알맞다.
	either + 단수 명사 + 단수 동사	**Either** one **is** fine with me. 어느 쪽이든 괜찮다.
neither 둘 중 어느 것도/ 누구도	neither of + 복수 명사 + 단/복수동사	**Neither of** his parents **has[have]** a question. 그의 부모 둘 중 누구도 질문이 있지 않았다.
	neither + 단수 명사 + 단수 동사	**Neither** cup **is** broken. 두 컵 중 어느 것도 깨지지 않았다.

 기출로 체크

어법상 틀린 부분이 있다면 바르게 고치세요.　　　　　　　　　　　　　　　　　　　[2010년 국회직 8급]

Each of the seven weekdays have a mythological origin, several from Norse mythology.

일주일의 각 요일은 신화적인 기원을 가지고 있고, 몇 가지는 북유럽의 신화로부터 왔다.

[정답] have ⇒ has

01 우리말을 영어로 잘못 옮긴 것을 고르시오. [2016년 지방직 7급]

① 탄소배출은 가스, 석탄, 석유와 같은 화석연료 연소의 결과물이다.
  → Carbon emissions are a result of burning fossil fuels such as gas, coal, or oil.

② 모든 연령대의 사람들이 여왕에게 존경을 표하기 위해 차려 입었다.
  → People of all ages dressed up to show themselves their respect to the queen.

③ 당뇨병은 우리 건강에 심각한 위협이지만 완벽히 예방할 수 있다.
  → Although diabetes is a critical threat to our health, it can be completely prevented.

④ 토요일로 예정된 집회는 금세기에 가장 큰 정치적 모임이 될 것이다.
  → The rally scheduled for Saturday will be the largest political gathering in this century.

02 다음의 밑줄 친 (A)와 (B)에 들어갈 가장 적절한 표현을 고르면? [2014년 국회직 9급]

> James got four letters. One was from his father. (A) _____ one was from his brother. (B) _____ letters were from his friend.

	(A)		(B)
①	Another	–	Other
②	Another	–	The other
③	The other	–	Another
④	The other	–	Other
⑤	Other	–	The other

01 기출포인트 **재귀대명사** 정답 ②

해설 재귀대명사는 강조하는 대상 바로 뒤에서 주어나 목적어를 강조할 때 쓰이거나, 목적어가 지칭하는 대상이 주어와 동일할 때 쓰이는데, 제시된 문장에서 themselves가 강조하는 대상이 없으며, to 부정사(to show)의 목적어 their respect와 주어 people이 동일하지도 않으므로, show themselves their respect를 show their respect로 고쳐야 한다.

오답 분석 ① 기출포인트 **병치 구문** 접속사(or)로 연결된 병치 구문에서는 같은 품사끼리 연결되어야 하는데, or 앞에 전치사 such as(~와 같은)의 목적어로 명사(gas, coal)가 나열되고 있으므로 or 뒤에도 명사 oil이 올바르게 쓰였다.

③ 기출포인트 **불가산 명사 & 인칭대명사** diabetes(당뇨병)는 불가산 명사로 단수 취급하므로 단수 동사 is가 올바르게 쓰였고, 주절의 대명사(it)가 지시하는 명사가 단수 취급하는 명사(diabetes)이므로 단수 대명사 it이 올바르게 쓰였다.

④ 기출포인트 **과거분사** 수식받는 명사(The rally)와 분사가 '집회가 예정되다'라는 의미의 수동 관계이므로 과거분사 scheduled가 올바르게 쓰였다.

어휘 emission 배출, 방사 fossil fuel 화석연료 diabetes 당뇨병 rally 집회, 대회 gathering 모임

02 기출포인트 **부정대명사: one·another·other** 정답 ②

해설 (A) 빈칸 앞 문장에서 제임스가 받은 네 통의 편지 중 한 통의 편지에 대해 이야기하였으므로 문맥상 '(남은 편지들 중) 또 다른 한 통의 편지'라는 의미가 되어야 자연스럽다. 따라서 빈칸에는 '이미 언급한 것 이외의 또 다른 하나'라는 의미의 부정형용사 another가 들어가야 적절하다. (B) 빈칸 앞 문장에서 제임스가 받은 네 통의 편지 중 두 통의 편지에 대해 이야기하였고, 빈칸이 수식하는 letters가 복수 명사이므로 문맥상 '(네 통의 편지 중) 남은 편지들'이라는 의미가 되어야 자연스럽다. 따라서 빈칸에는 '정해진 것 중 남은 것 전부'라는 의미의 부정형용사 The other가 들어가야 적절하다. 따라서 ② (A) Another - (B) The other가 정답이다.

해석 제임스는 네 통의 편지를 받았다. 한 통은 그의 아버지로부터 온 것이었다. 또 다른 한 통은 그의 형제로부터 온 것이었다. 나머지 편지들은 그의 친구로부터 온 것이었다.

BASIC GRAMMAR 기본기 다지기

1. 형용사의 역할

명사 수식	They wore **stylish** jackets. 그들은 멋진 재킷을 입었다.
보어 역할	Their jackets were **stylish**. 그들의 재킷은 멋졌다.

2. 부사의 역할

형용사 수식	She spoke in a **very** gentle voice. 그녀는 매우 부드러운 목소리로 말했다.
동사 수식	She spoke **gently**. 그녀는 부드럽게 말했다.
다른 부사 수식	She spoke **so** gently. 그녀는 매우 부드럽게 말했다.
문장 전체 수식	**Amazingly**, she spoke so gently. 놀랍게도, 그녀는 매우 부드럽게 말했다.

3. 형용사와 부사의 형태

형용사는 주로 -able/-ible, -al, -tive, -ous, -ful, -y로 끝나는 형태 또는 '명사 + ly' 형태를 가지며, 부사는 주로 '형용사 + ly' 형태를 가진다.

형용사	probable	magical	active	dangerous	successful	heavy
부사	probably	magically	actively	dangerously	successfully	heavily

단, -ly로 끝나는 형용사들이 있으므로 이들을 부사로 혼동하지 않도록 주의해야 하며, -ly로 끝나지 않는 부사들도 주의해서 익혀 두어야 한다.

-ly로 끝나는 형용사	costly	deadly	elderly	friendly	likely	lively
-ly로 끝나지 않는 부사	ahead	even	just	right	still	well

01 | 형용사 자리

① 형용사 자리

명사·대명사를 수식하는 자리	(관사 +) (부사 +) 형용사 + 명사	a highly **influential** novel 매우 영향력 있는 소설
	형용사 + 복합명사	**excellent** communication skills 뛰어난 의사소통 능력
	명사 + 형용사	rooms **available** 이용 가능한 방들
보어 자리	주격 보어	The air is very **humid** here. 여기 공기는 매우 습하다.
	목적격 보어	I dyed my hair **blue**. 나는 내 머리를 파란색으로 염색했다.

고득점 포인트

1. -able/-ible로 끝나는 형용사는 명사를 뒤에서 수식할 수 있다.
   The students searched every way **possible**. 그 학생들은 가능한 모든 방법을 찾아 보았다.

2. -where, -thing, -one, -body로 끝나는 명사는 항상 뒤에서 수식한다.
   We need to try something **different**. 우리는 무언가 다른 것을 시도할 필요가 있다.

3. 'of + 추상명사(interest, importance, help 등)'는 형용사 역할을 하여 주격 보어 자리에 올 수 있다.
   I found nothing (**of interest**, interesting) in the magazine. 나는 잡지에서 흥미로운 것을 찾지 못했다.

기출로 체크

어법상 틀린 부분이 있다면 바르게 고치세요. [2012년 지방직 9급]

He arrived with Owen, who was weak and exhaust.
그는 Owen과 함께 도착했는데, 그는 약하고 지쳐 있었다.

[정답] exhaust ⇒ exhausted

① 가산 명사·불가산 명사 앞에 오는 수량 표현

가산 명사 앞	단수 명사	a/an/one/a single 하나의 each 각각의 every 모든 another 또다른
	복수 명사	many 많은 both 둘 다의 several 몇몇의 one of ~ 중 하나 each of ~의 각각 a variety of 다양한 a number of 많은 a few 약간 few 거의 없는
불가산 명사 앞		little 거의 없는 a little 약간 less 더 적은 much 많은
가산·불가산 명사 앞		no 어떤 ~도 -아닌 more 더 많은 other 다른 all 모든 any 어떤

* every와 another는 특정한 숫자와 함께 오면 각각 '~마다 한 번씩', '~ 더'라는 뜻으로 복수 명사 앞에 올 수 있다.

(**Each**, ~~Many~~) coupon can be used once. 각각의 쿠폰은 한 번만 쓰일 수 있다.
　　　　가산 단수 명사

② 수량 표현 + of the + 명사

one/two 하나/둘	each 각각	some/any 몇몇	
all 전부	many/much 다수	most 대부분	+ of the + 명사
several 몇몇	both 둘 다	none 하나도 ~않다	
(a) few 거의 없는 (약간)	(a) little 거의 없는 (약간)	(a/the) half 절반	

* 명사 앞의 the 대신에 소유격이 올 수 있다.

One (**of the**, ~~of~~, ~~the~~) biggest problems has been getting everyone to agree on a topic.
가장 큰 문제들 중 하나는 하나의 주제에 대해 모든 사람들이 동의하도록 하는 것이다.

③ 수사 + 하이픈(-) + 단위 표현

'수사 + 하이픈(-) + 단위 표현'이 명사를 수식하는 경우에 단위 표현은 단수형이 되어야 하고, '수사 + 하이픈
(-) + 단위 표현'이 명사로 사용되는 경우에 단위 표현은 의미에 따라 복수형이 될 수 있다.

A **30-minute** presentation is scheduled tomorrow. 30분짜리 발표가 내일 예정되어 있다.

It's common for **40-year-olds** to seek stability. 40세의 사람들이 안정성을 추구하는 것은 보편적이다.

🔎 **기출로 체크**

어법상 틀린 부분이 있다면 바르게 고치세요.　　　　　　　　　　　　　　　　　　[2019년 지방직 9급]

Burning fossil fuels is one of the lead cause of climate change.
화석연료를 태우는 것은 기후 변화의 주된 원인 중 하나이다.

[정답] lead cause ⇒ leading causes

기출포인트 03 | 부사 자리

출제빈도 ★★

① 부사 자리

동사를 수식하는 자리	'동사 + 목적어' 앞	He **calmly** explained the problem to me. 그는 나에게 문제를 차분하게 설명했다.
	'동사 + 목적어' 뒤	She listened to music **quietly**. 그녀는 조용히 음악을 들었다.
	'조동사 + -ing/p.p.' 사이	He has **recently** moved to the city. 그는 최근에 도시로 이사를 했다.
	'조동사 + -ing/p.p.' 뒤	The children are talking **loudly**. 아이들은 크게 이야기하고 있다.
동사 외의 것을 수식하는 자리	형용사·분사 앞	The actor is **highly** popular. 그 배우는 매우 인기 있다.
	부사 앞	Read the directions **very** carefully. 주의 사항을 매우 주의하여 읽으세요.
	전치사구 앞	The show will begin **exactly** at three. 공연은 정확히 3시에 시작할 것이다.
	문장 앞	**Typically**, wild bears will avoid humans. 대체로, 야생 곰들은 사람들을 피할 것이다.

② 부사 자리: 형용사는 올 수 없음

That bowl is (**dangerously**, ~~dangerous~~) hot. 그 그릇은 위험할 정도로 뜨겁다.

→ 형용사(hot)를 수식하기 위해서는 부사(dangerously)가 와야 한다.

📖 **기출로 체크**

어법상 틀린 부분이 있다면 바르게 고치세요. [2017년 국가직 9급 (10월 추가)]

She would like to be financial independent.
그녀는 경제적으로 독립하고 싶어 한다.

[정답] financial ⇒ financially

① 강조 부사의 종류

very 매우	**much** 너무, 많이	**so** 매우, 너무	**too** 너무	**pretty** 꽤, 제법
quite 꽤, 상당히	**ever** 항상, 도대체	**much/even/still/far/a lot/by far** (비교급 앞에서) 훨씬		

Pam had to write an essay **very** quickly. Pam은 에세이 한 편을 매우 빠르게 써야 했다.

② 기타 강조 부사의 쓰임

quite	quite + a(n) + 형용사 + 명사
enough	동사/형용사 + enough
well/right/way	well/right/way + 전치사구
even	even + 형용사, 부사, 명사, 동사, 전치사구
just/only	just/only + 명사, 전치사구

My brother is **quite** a talented pianist. 내 형제는 꽤 재능 있는 피아니스트이다.

She is rich **enough** to buy a mansion. 그녀는 대저택을 살만큼 충분히 부자이다.

He makes **well** over million dollars a month. 그는 한 달에 백만 달러 훨씬 이상을 번다.

The bakery is located **right** next to the bank. 제과점은 은행 바로 옆에 위치하고 있다.

Her result was **way** above average. 그녀의 결과는 평균을 훨씬 웃돈다.

The soup **even** satisfied the picky customers. 그 수프는 심지어 까다로운 손님들을 만족시켰다.

This program is provided **only** for the members. 이 프로그램은 회원들에게만 제공된다.

📖 **기출로 체크**

우리말을 영어로 잘못 옮긴 부분이 있다면 바르게 고치세요. [2013년 서울시 9급]

탐은 자기 생각을 영어보다 러시아어로 표현하는 것이 훨씬 쉽다고 한다.
→ Tom says that it is much easier for him to express his thoughts in Russian than in English.

[정답] 맞는 문장

① **빈도 부사**: 얼마나 자주 일이 발생하는지를 의미하는 부사

> always 항상   often 자주   frequently 종종   usually 보통
> sometimes 때때로   hardly/rarely/seldom/scarcely/barely 거의 ~않다
> never 결코 ~않다

The store **always** offers the best deals. 그 가게는 항상 최고의 거래를 제공한다.

A little stress can **sometimes** be healthy. 약간의 스트레스는 때때로 건강에 좋을 수 있다.

② **빈도 부사 자리**: 보통 일반동사 앞, 또는 be동사나 조동사의 뒤

She **often** <u>visits</u> her grandparents. 그녀는 자주 그녀의 조부모님을 방문한다.
        일반동사

Professor Lim's classes <u>are</u> **usually** difficult. Lim 교수님의 수업들은 보통 어렵다.
        be동사

You <u>can</u> **always** join us if you want. 네가 원하면 너는 언제든지 우리와 함께할 수 있다.
  조동사

③ **부정의 의미를 갖는 부사**: hardly, rarely, seldom, scarcely, barely

부정의 의미를 갖는 부사는 not과 같은 부정어와 함께 올 수 없다.

She (**rarely**, ~~not rarely~~) fails the test. 그녀는 시험에 거의 낙제하지 않는다.

→ 빈도 부사 rarely는 이미 부정의 뜻을 담고 있으므로 부정어 not과 함께 쓰일 수 없다.

기출로 체크

어법상 틀린 부분이 있다면 바르게 고치세요. [2012년 국가직 9급]

What surprised us most was the fact that he said that he had hardly never arrived at work late.

우리를 가장 놀라게 한 것은 그가 자신은 회사에 늦게 도착한 적이 거의 없다고 말했다는 사실이었다.

[정답] hardly never ⇒ hardly ever

① 형용사와 부사로 모두 쓰이는 단어

late (형) 늦은 / (부) 늦게	hard (형) 힘든, 단단한 / (부) 열심히, 심하게	near (형) 가까운 / (부) 가까이, 근처에
high (형) 높은 / (부) 높게	most (형) 대부분의, 가장 많은 / (부) 가장 많이	early (형) 이른 / (부) 일찍
fast (형) 빠른 / (부) 빨리	far (형) 먼 / (부) 멀리	long (형) 긴 / (부) 오래, 오랫동안

He went out for a walk in the **early** morning. 그는 이른 아침에 산책을 하러 나갔다.
　　　　　　　　　　　　　　　　　형용사

She woke up **early** to catch the train in the morning. 그녀는 아침에 기차를 타기 위해 일찍 일어났다.
　　　　　　　　부사

② 형태가 유사해서 혼동을 주는 부사

late (부) 늦게	hard (부) 열심히, 심하게	near (부) 가까이, 근처에	high (부) 높게
lately (부) 최근에	hardly (부) 거의 ~않다	nearly (부) 거의	highly (부) 매우
almost (부) 거의	most (부) 가장 많이	mostly (부) 대체로, 주로	

The library is (**near**, ~~nearly~~) my old apartment. 도서관은 나의 예전 아파트 가까이에 있다.
→ '도서관이 가까이에 있다'는 의미가 되어야 문맥상 자연스러우므로 near이 와야 한다.

The applicants have (**nearly**, ~~near~~) finished their interview. 참가자들은 그들의 면접을 거의 끝냈다.
→ '거의 끝냈다'는 의미가 되어야 문맥상 자연스러우므로 nearly가 와야 한다.

③ 쓰임이 유사해서 혼동을 주는 형용사 such 와 부사 so

The singer sang (**such**, ~~so~~) a beautiful song that I cried.
그 가수가 너무 아름다운 노래를 불러서 나는 울었다.

The singer sang (**so**, ~~such~~) beautifully that I cried. 그 가수가 너무 아름답게 노래를 불러서 나는 울었다.

→ 명사구(a beautiful song)를 수식하는 것은 형용사이므로 형용사 such가 와야 하는 반면 부사(beautifully)를 수식하는 것은 부사이므로 부사 so가 와야 한다.

📖 **기출로 체크**

우리말을 영어로 잘못 옮긴 부분이 있다면 바르게 고치세요. [2014년 국가직 9급]

그녀는 등산은 말할 것도 없고, 야외에 나가는 것을 좋아하지 않는다.
→ She does not like going outdoor, not to mention mountain climbing.

[정답] outdoor ⇒ outdoors

01 어법상 옳지 않은 것을 고르시오. [2015년 지방직 7급]

Old giant corporations such as IBM and AT&T laid off thousands of workers, ① <u>downsizing</u> to become more efficient and competitive. The auto industry that ② <u>many</u> were ready to pronounce ③ <u>deadly</u> has revived and is ④ <u>flourishing</u>.

02 밑줄 친 부분 중 어법상 옳지 않은 것은? [2015년 서울시 9급]

It was ① <u>a little</u> past 3 p.m. when 16 people gathered and sat cross-legged in a circle, blushing at the strangers they knew they'd ② <u>be mingling with</u> for the next two hours. Wearing figure-hugging tights and sleeveless tops in ③ <u>a variety of shape and size</u>, each person took turns sharing their names and native countries. ④ <u>All but five were</u> foreigners from places including the United States, Germany and the United Kingdom.

01 [기출포인트] 혼동하기 쉬운 형용사와 부사   정답 ③

[해설] 문맥상 '침체되었다고 단언하다'라는 의미가 되어야 자연스러운데, '침체된'은 형용사 dead(침체된)를 사용하여 나타낼 수 있으므로, 형용사 deadly(치명적인)를 dead로 고쳐야 한다.

[오답 분석] ① [기출포인트] 현재분사 주절의 주어 Old giant corporations와 분사구문이 '오래된 거대 기업들이 규모를 줄이다' 라는 의미의 능동 관계이므로 현재분사 downsizing이 올바르게 쓰였다.

② [기출포인트] 주어와 동사의 수 일치 동사 자리에 복수 동사 were가 왔으므로 주어 자리에 복수 명사 many(많은 사람들)가 올바르게 쓰였다.

④ [기출포인트] 보어 자리 be동사(is)는 주격 보어를 취하는 동사인데, 보어 자리에는 명사 또는 형용사 역할을 하는 것이 올 수 있으므로 형용사 역할을 하는 현재분사 flourishing(번영하는)이 올바르게 쓰였다.

[해석] IBM과 AT&T와 같은 오래된 거대 기업들은 더욱 효율적이고 경쟁력을 지니기 위해 규모를 줄이면서, 수천 명의 근로자 들을 해고했다. 많은 사람들이 금방이라도 침체되었다고 단언할 것 같았던 자동차 산업은 소생해서 번영하고 있다.

[어휘] corporation 기업 lay off 해고하다 downsize 규모를 줄이다 competitive 경쟁력을 지닌
auto industry 자동차 산업 pronounce 단언하다, 선언하다 deadly 치명적인 dead 침체된, 생산력이 없는
revive 소생하다 flourish 번영하다

02 [기출포인트] 수량 표현의 수 일치   정답 ③

[해설] 수량 표현 'a variety of(다양한 ~)' 뒤에는 복수 명사가 와야 하므로 단수 명사 shape과 size를 복수 명사 shapes와 sizes로 고쳐야 한다.

[오답 분석] ① [기출포인트] 부사 자리 부사(a little)는 전치사구를 앞에서 수식하므로 전치사구 past 3 p.m. 앞에 a little이 올바 르게 쓰였다.

② [기출포인트] 능동태·수동태 구별 주어(they)와 동사가 '그들이 어울리다'라는 의미의 능동 관계이므로 조동사 would 뒤에 능동태의 진행형 be mingling with가 올바르게 쓰였다.

④ [기출포인트] 주어와 동사의 수 일치 주어 자리에 복수 명사 All(모든 사람)이 왔으므로 복수 동사 were가 올바르게 쓰였다. all 뒤의 but은 '~을 제외하고는'이라는 의미의 전치사로 쓰였다.

[해석] 16명의 사람들이 원형으로 모여 다리를 꼬고 앉아 앞으로 두 시간 동안 어울릴 것임을 아는 낯선 사람들에게 얼굴을 붉 히던 때는 오후 3시가 조금 지나서였다. 다양한 모양과 크기의 몸매가 다 드러나는 타이츠와 민소매 상의를 입고, 각각 의 사람은 차례로 자신의 이름과 출신 국가를 이야기했다. 다섯 명을 제외한 모두가 미국, 독일 그리고 영국을 포함한 나 라 출신의 외국인들이었다.

[어휘] blush 얼굴을 붉히다 mingle 어울리다 figure-hugging 몸매가 다 드러나는 share 이야기하다, 공유하다
native 출신의, 출생의

BASIC GRAMMAR 기본기 다지기

1. 전치사

전치사는 명사나 대명사 앞에 와서 장소, 시간, 위치, 방향 등을 나타낸다. 그 외에 **목적, 수단, 이유** 등을 나타내는 전치사도 있다.

장소 I was stuck in traffic because of an accident **on** the highway.
그 고속도로에서의 사고 때문에 차가 막혀 꼼짝도 못했다.

시간 John goes to the gym **in** the evening. John은 저녁에 체육관에 간다.

위치 He felt like he was flying **above** the clouds. 그는 구름 위로 날고 있는 것처럼 느꼈다.

방향 Andrew drove **out of** the parking lot. Andrew는 주차장 밖으로 운전해 나갔다.

2. 전치사구

전치사구는 in the room, for a mile 등과 같이 '전치사 + 명사/대명사'를 일컫는 말이다. 전치사구는 명사를 수식하는 **형용사 역할**이나 동사를 수식하는 **부사 역할**을 한다.

The boy **in the room** is my brother. 그 방에 있는 소년은 나의 남자 형제이다.

명사 수식(형용사 역할)

They walked **for a mile**. 그들은 1마일을 걸었다.

동사 수식(부사 역할)

(1) 전치사 자리 1: 명사 역할을 하는 것 앞

My sisters live **in** <u>Canada</u>. 나의 자매들은 캐나다에 산다.
　　　　　　　　　　명사

They organized a birthday party **for** <u>her</u>. 그들은 그녀를 위해 생일 파티를 준비했다.
　　　　　　　　　　　　　　　　대명사

He is good **at** <u>complimenting</u> others. 그는 다른 사람들을 칭찬하는 것에 뛰어나다.
　　　　　　　　동명사

My boss was satisfied **with** <u>what I've done</u>. 나의 상사는 내가 한 것에 대해 만족했다.
　　　　　　　　　　　　　　명사절

> **💡 고득점 포인트**
> 전치사와 명사 사이에 관사나 형용사, 부사가 오는 경우도 있다.
> He sold the house <u>at</u> a very high <u>price</u>. 그는 아주 비싼 가격으로 그 집을 팔았다.

(2) 전치사 자리 2: 의문사절과 관계대명사절에서 의문사와 관계대명사 앞

To <u>whom</u> is Jenny talking to? Jenny는 지금 누구와 이야기를 하고 있는 거니?
　　　의문사

(= Who(m) is Jenny talking **to**?)

This is the business model **about** <u>which</u> Mr. Lee talked at the conference.
　　　　　　　　　　　　　　관계대명사

(= This is the business model which Mr. Lee talked **about** at the conference.)
이것은 Mr. Lee가 컨퍼런스에서 이야기했던 비즈니스 모델이다.

(3) 전치사 자리 3: 형용사적 용법으로 쓰여 명사를 수식하는 to 부정사 뒤

There are <u>some benches</u> (**to sit on**, ~~to sit~~) in the park. 공원에는 몇몇 앉을 벤치들이 있다.

> **📖 기출로 체크**
>
> **어법상 틀린 부분이 있다면 바르게 고치세요.**　　　　　　　　　　　[2019년 지방직 9급]
>
> The paper charged her with use the company's money for her own purposes.
> 그 신문은 개인의 목적을 위해 회사의 돈을 사용한 것에 대해 그녀를 비난했다.
> -
> 　　　　　　　　　　　　　　　　　　　　　　　　　　　　[정답] use ⇒ using

기출포인트
02 전치사 1: 시간과 장소 in/at/on

출제빈도
★

① 시간을 나타내는 전치사

in	월·연도·시간(~후에)	**in** January 1월에　**in** 2022 2022년에　**in** five hours 5시간 후에
	계절·세기	**in** spring 봄에　**in** the twenty-first century 21세기에
	아침/오후/저녁	**in** the morning/afternoon/evening 아침/오후/저녁에
at	시각·시점	**at** 3 o'clock 3시에　**at** the beginning of class 수업 시작에
	정오/밤/새벽	**at** noon/**at** night/**at** dawn 정오에/밤에/새벽에
on	날짜·요일·특정일	**on** May 1 5월 1일에　**on** Monday 월요일에　**on** Christmas 크리스마스에

> 🔆 **고득점 포인트**
>
> next, last, this, that, one, every, each, some, any, all 등을 포함한 시간 표현 앞에는 전치사가 오지 않는다.
> I met her (last, ~~in last~~) month.　나는 지난달에 그녀를 만났다.

② 장소를 나타내는 전치사

in	큰 공간 내의 장소	**in** the world 세계에서	**in** the room 방에서
at	지점·번지	**at** the station 역에서	**at** Park Avenue Park가에서
on	표면 위·일직선상의 지점	**on** the table 테이블에	**on** the wall 벽에

③ in/at/on 숙어 표현

in	in time 제때에 in advance 사전에	in place 제자리에 in order 정돈되어	in reality 실제로는 in effect 효력을 발휘하여
at	at once 즉시 at times 때때로 at a charge of ~의 비용 부담으로	at the rate of ~의 비율로 at the age of ~의 나이로	at the latest 늦어도 at one's convenience ~가 편한 때에 at one's expense ~의 비용으로
on	on time 정시에	on the list of ~의 목록에	on a regular basis 정기적으로

📖 기출로 체크

어법상 틀린 부분이 있다면 바르게 고치세요.　　　　　　　　　　　　　　　　　[2011년 국가직 9급]

Tom, one of my best friends, were born in April 4th, 1985.

나의 가장 친한 친구 중 한 명인 Tom은 1985년 4월 4일에 태어났다.

[정답] were ⇒ was, in April 4th ⇒ on April 4th

전치사

Chapter 14

해커스공무원 영어 문법 고득점 약점노트

① 시점을 나타내는 전치사

since ~ 이래로   from ~부터   until/by ~까지   before/prior to ~ 전에   after/following ~ 후에

My family have lived here **since** 2000. 우리 가족은 2000년 이래로 이곳에서 살아왔다.

After the meal, we had coffee. 식사 후에, 우리는 커피를 마셨다.

> **⚙ 고득점 포인트**
>
> until은 '특정 시점까지 어떤 행동이나 상황이 계속되는 것'을, by는 '정해진 시점까지 어떤 행동이나 상황이 완료되는 것'을 의미한다.
> Tickets will be available for purchase online (until, ~~by~~) Friday. 표는 금요일까지 온라인으로 구매 가능할 것입니다.
> Please call me back (by, ~~until~~) 6:30. 6시 30분까지 저에게 다시 전화해 주세요.

② 기간을 나타내는 전치사

for/during ~ 동안   over/throughout ~동안, ~내내   within ~ 이내에

The mall will open **throughout** the year. 그 쇼핑센터는 1년 내내 문을 열 것이다.

Your order will be delivered **within** two days. 주문하신 물건은 이틀 이내에 배송될 예정입니다.

> **⚙ 고득점 포인트**
>
> for와 during은 둘 다 '~ 동안'을 뜻하지만 for는 숫자를 포함한 시간 표현 앞에 와서 '얼마나 오래 지속되는가'를 나타내고, during은 명사 앞에 와서 '언제 일어나는가'를 나타낸다.
> We worked on a special report (for, ~~during~~) six weeks. 우리는 6주 동안 특별 보고 업무를 했다.
> My cousin will visit Seoul (during, ~~for~~) August. 나의 사촌은 8월 동안 서울을 방문할 것이다.

📖 기출로 체크

어법상 틀린 부분이 있다면 바르게 고치세요.   [2017년 국가직 9급 (10월 추가)]

My father was in the hospital during six weeks.
내 아버지는 6주 동안 입원해 계셨다.

- -

[정답] during ⇒ for

① 위치를 나타내는 전치사

above/over ~ 위에	below/under/underneath ~ 아래에	beside/next to ~ 옆에
between/among ~ 사이에	near ~ 근처에	within ~ 내에
around ~의 여기저기에, ~ 주위에		

He put a couch **next to** the air conditioner.　그는 에어컨 옆에 소파를 두었다.

I've walked **around** the city all day.　나는 하루 종일 도시의 여기저기를 돌아다녔다.

> 🔆 **고득점 포인트**
>
> 1. between은 '둘 사이'에 쓰여서 위치와 시간의 '사이'를 의미하고, among은 '셋 이상'의 그룹 '사이'를 의미한다.
>   A dry cleaner is located (**between**, ~~among~~) two restaurants.　세탁소는 두 식당 사이에 있다.
>   There were several reporters (**among**, ~~between~~) the celebrities.　유명 인사들 사이에 몇 명의 리포터들이 있었다.
> 2. besides(~ 외에)를 beside(~ 옆에)와 혼동하지 않도록 주의한다.
>   (**Besides**, ~~Beside~~) the introduction, the book is 175 pages long.　서문 이외에, 그 책은 175페이지이다.

② 방향을 나타내는 전치사

from ~로부터, ~에서	to ~에게, ~으로	for ~을 향해	toward ~쪽으로
up ~ 위로	down ~ 아래로	across ~을 가로질러	along ~을 따라
into ~ 안으로	out of ~ 밖으로		

We got a bill **from** the electric company.　우리는 전력 회사로부터 청구서를 받았다.

Scott made a call **to** his friend in Moscow.　Scott은 모스크바에 있는 친구에게 전화를 걸었다.

📚 **기출로 체크**

어법상 틀린 부분이 있다면 바르게 고치세요.　　　　　　　　　　　　　　[2017년 지방직 7급]

Although there are some similarities in the platforms of both candidates, the differences among them are wide.　비록 두 후보들의 공약에는 몇 가지 유사점이 있지만, 그것들 사이의 차이점은 아주 크다.

[정답] among ⇒ between

① 이유·양보·목적을 나타내는 전치사

because of/due to/owing to ~때문에   despite/in spite of ~에도 불구하고   for ~을 위해

The game was canceled **because of** the rain. 그 경기는 비 때문에 취소되었다.

They played tennis outside **despite/in spite of** the intense heat.
그들은 심한 더위에도 불구하고 밖에서 테니스를 쳤다.

The women picked out some gifts **for** their nephew. 여자들은 그들의 조카를 위해 선물을 몇 개 골랐다.

② 전치사 of

의미상 A가 동사, B가 주어	the spinning **of** the earth 지구의 회전 (← 지구가 회전하다)
의미상 A가 동사, B가 목적어	the renovation **of** a house 집의 개조 (← 집을 개조하다)
A와 B가 동격	the land **of** China 중국 대륙 (← 대륙 = 중국)
A가 B의 부분·소속	the center **of** town 도시의 중심 (← 도시에 속한 중심 지역)

③ '~에 관하여'라는 의미의 전치사

about	of	as to	regarding	with/in regard to	with respect to
over	on	as for	concerning	with/in reference to	

Making a generalization **regarding** specific groups could be a fallacy.
특정 집단에 관하여 일반화하는 것은 오류일 수 있다.

📖 **기출로 체크**

우리말을 영어로 잘못 옮긴 부분이 있다면 바르게 고치세요. [2013년 지방직 7급]

이 일을 성취하는 데는 여러분에게 많은 노력과 인내가 요구된다.
→ The accomplishment of this work requires a lot of toil and patience in you.

[정답] in ⇒ of

① 기타 전치사

except (for) ~을 제외하고	but ~외에	by ~에 의해(주체)/~을 타고/~만큼
through ~을 통해/~을 통과하여	with ~을 가지고(도구)/~와 함께	without ~ 없이, ~ 없는
as ~로서	like ~처럼	unlike ~와 달리
against ~에 반대하여	beyond ~을 넘어	for ~에 비해서

The price of milk increased **by** 30 cents last week. 우유 가격이 지난주에 30센트만큼 올랐다.

John is quite strong **for** his size. John은 체격에 비해서 꽤 힘이 세다.

② 전치사 숙어 표현

by **through**	by telephone/mail 전화/팩스/우편으로 by land 육로로 through the use of ~의 사용을 통해서	by cash/check 현금/수표/신용카드로 by law 법에 의해 through cooperation 협력을 통해
with **without**	with no doubt 의심할 바 없이 with the aim of ~을 목적으로 with regularity 규칙대로 dispense with ~을 없애다	with no exception 예외 없이 with emphasis 강조하여 without approval 승인 없이 consistent with ~와 일치하는
against	against the law 불법인, 법에 저촉되는 act against one's will ~의 의지에 반하여 행동하다	
beyond	beyond repair 수리가 불가능한	beyond one's capacity ~의 능력 밖인
기타	appeal to ~에 호소하다 identical to ~와 똑같은 exposure to ~에의 노출 consist of ~로 구성되다 add A to B A를 B에 더하다	renowned for ~으로 유명한 sensitive to ~에 민감한 absent from ~에 결석한 transform A into B A를 B로 변화시키다 attribute A to B A를 B의 결과로 보다

🔲 기출로 체크

우리말을 영어로 잘못 옮긴 부분이 있다면 바르게 고치세요. [2012년 국가직 9급]

현관 열쇠를 잃어버려서 안으로 들어가기 위해 나는 벽돌로 유리창을 깼다.
→ I'd lost my front door key, and I had to smash a window by a brick to get in.

[정답] by ⇒ with

포인트 적용 기출 문제 (Chapter 14)

01 우리말을 영어로 가장 잘 옮긴 것은? [2016년 사회복지직 9급]

> 내가 저지른 모든 실수에도 불구하고 그는 여전히 나를 신임했다.

① I had made all the mistakes, though he still trusted me.

② I had made all the mistakes, moreover, he still trusted me.

③ Despite all the mistakes I had made, he still trusted me.

④ Nevertheless all the mistakes I had made, he still trusted me.

02 다음 세 문장의 밑줄 친 부분에 들어갈 말이 순서대로 짝지어진 것을 고르시오. [2013년 국회직 9급]

> A. We must read the next chapter _____ tomorrow.
>
> B. We stayed at the bar _____ 4:00 AM.
>
> C. It's been raining on and off _____ last Sunday.

① by – by – since   ② till – till – since

③ till – by– from   ④ by – till – from

⑤ by – till – since

01 **기출포인트** **전치사 자리** 정답 ③

해설 제시된 문장의 '모든 실수에도 불구하고'는 양보를 나타내는 전치사 despite를 사용해서 나타낼 수 있으므로 Despite all the mistakes로 나타낸 ③번이 정답이다. 참고로, 전치사(despite) 뒤에는 명사 역할을 하는 것이 와야 하므로 명사 all the mistakes가 올바르게 쓰였고, 목적격 관계대명사가 생략된 관계절 I had made가 뒤에서 선행사 all the mistakes를 수식하고 있다.

오답분석 ① **기출포인트** **부사절 접속사 2: 양보** 양보를 나타내는 부사절 접속사 though가 이끄는 부사절(though ~ me)이 '그가 여전히 나를 신임했음에도 불구하고'라는 의미가 되므로 주어진 문장과 의미가 달라 정답이 될 수 없다.

② **기출포인트** **부사절 자리와 쓰임** 부사 moreover는 '게다가'라는 의미를 나타내고, 절(I had ~ the mistakes)과 절(he ~ me)을 연결하기 위해서는 부사가 아닌 접속사가 필요하므로 두 개의 절 사이에 부사 moreover가 올 수 없다.

④ **기출포인트** **부사 자리** 부사 nevertheless(그럼에도 불구하고)는 명사(all the mistakes)를 앞에서 수식할 수 없으므로 정답이 될 수 없다.

어휘 mistake 실수 trust 신임하다, 믿다

02 **기출포인트** **전치사 2: 시점 · 기간** 정답 ⑤

해설 A. '내일까지 읽어야 한다'는 '상태·동작의 완료'를 의미하는 시점을 나타내는 전치사 by(~까지)를 사용하여 나타낼 수 있으므로 by가 와야 한다.

B. '오전 4시까지 머물렀다'는 '상태·동작의 지속'을 의미하는 시점을 나타내는 전치사 till(~까지)을 사용하여 나타낼 수 있으므로 till이 와야 한다.

C. 문맥상 '일요일부터 비가 오락가락해오고 있다'는 과거에 발생한 일이 현재까지 계속되고 있음을 표현하고 있으므로 일이 시작된 시점 앞에 쓰이는 전치사 since(~ 이래로)가 와야 한다. 따라서 ⑤ by – till – since가 정답이다.

해석 A. 우리는 다음 챕터를 내일까지 읽어야 한다.
B. 우리는 그 술집에 새벽 4시까지 머물렀다.
C. 지난 일요일부터 비가 오락가락해오고 있다.

어휘 rain on and off 비가 오락가락하다

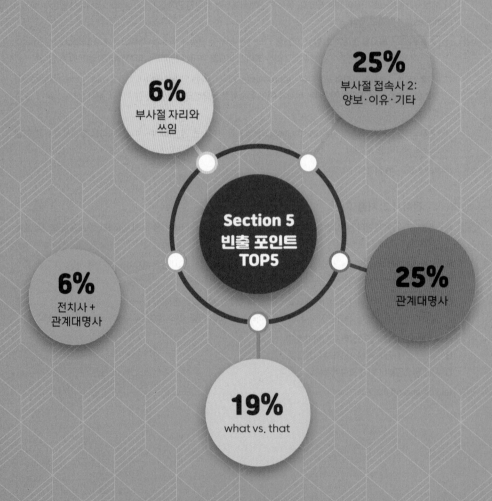

25%
부사절 접속사 2:
양보·이유·기타

6%
부사절 자리와
쓰임

Section 5
빈출 포인트
TOP5

6%
전치사 +
관계대명사

25%
관계대명사

19%
what vs. that

Section ⑤
접속사와 절

15 등위접속사와 상관접속사

BASIC GRAMMAR 기본기 다지기

1. 등위접속사

등위접속사는 같은 품사와 구조를 취하는 것을 대등하게 연결하는 접속사로, 단어와 단어, 구와 구, 절과 절을
대등하게 연결한다.

단어와 단어	We need a projector **and** screen for the presentation. 　　　　　　단어(명사)　　　　단어(명사) 우리는 발표를 위해 프로젝터와 스크린이 필요하다.
구와 구	He arrived at the stadium early **and** saved three seats. 　　　　　　　　　구　　　　　　　　　　　　구 그는 경기장에 일찍 도착했고 자리 세 개를 맡았다.
절과 절	It was dark out, **but** there was a warm breeze. 　　　절　　　　　　　　　　절 밖은 어두웠지만, 따뜻한 산들바람이 불었다.

2. 상관접속사

상관접속사는 둘 이상의 단어가 짝을 이루어 쓰이는 접속사로 단어와 단어, 구와 구, 절과 절을 대등하게 연결한다.

단어와 단어	**Both** children **and** students get a discount at the museum. 단어(명사)　　　　　단어(명사) 아이들과 학생들 둘 다 박물관에서 할인을 받는다.
구와 구	You can visit the exhibition **either** on Saturday **or** on Sunday. 구　　　　　구 당신은 토요일 또는 일요일에 전시회를 방문할 수 있습니다.

① 등위접속사의 종류

> and 그리고 or 또는 but 그러나 yet 그러나 so 그래서 for 왜냐하면 (~기 때문에)

The sales manager **and** his staff had dinner together. 영업 부장과 그의 직원들은 함께 저녁 식사를 했다.

It started to rain, **so** Kenneth took out his umbrella. 비가 오기 시작해서 Kenneth는 우산을 꺼냈다.

🔆 고득점 포인트

1. 등위접속사 없이 단어와 단어, 구와 구가 바로 연결될 수 없다.

2. 3개의 단어나 구, 절은 'A, B, + 등위접속사 + C' 형태로 연결해야 한다.
   I picked three colors, which are blue, red, **and** purple.
   나는 세 가지 색상을 골랐는데, 그것들은 파란색, 빨간색, 그리고 보라색이다.

3. 등위접속사로 연결된 구나 절에서 반복되는 단어는 생략할 수 있다.
   This new windbreaker is perfect for rainy (weather) **or** windy weather.
   이 새 바람막이 재킷은 비가 오거나 바람이 부는 날씨에 완벽하다.
   For good oral hygiene, be sure to brush, (to) floss, **and** (to) use mouthwash.
   청결한 구강 위생을 위해, 반드시 양치하고, 치실질을 하고, 구강 청결제를 사용해라.

② 등위접속사로 연결된 주어와 동사의 수 일치

and로 연결된 주어	복수 동사 사용
or로 연결된 주어	or 뒤의 마지막 주어에 수 일치

Jess and I are planning to visit China next month. Jess와 나는 다음 달에 중국을 방문할 것이다.
　　　　　　복수 동사

The members **or** the leader needs to inform the public about their issue.
　　　　　　　　　마지막 주어(단수) 단수 동사
회원들 또는 지도자는 그들의 문제에 대해 대중에게 알려야 한다.

📖 기출로 체크

어법상 틀린 부분이 있다면 바르게 고치세요. [2021년 지방직 9급]

She attempted a new method, and needless to say had different results.
그녀는 새로운 방법을 시도했고, 말할 것도 없이 다양한 결과들을 얻었다.

[정답] 맞는 문장

① 상관접속사의 종류

both A and B A와 B 둘 다	either A or B A 또는 B 중 하나
not A but B A가 아니라 B	neither A nor B A도 B도 아닌
not only A but (also) B A뿐만 아니라 B도	A as well as B B뿐만 아니라 A도

I enjoy **both** skating **and** skiing. 나는 스케이트를 타는 것과 스키를 타는 것 둘 다 즐긴다.

She majored in **not** French **but** English. 그녀는 프랑스어가 아니라 영어를 전공했다.

② 상관접속사: 짝이 맞는 것끼리 사용

Neither employees (**nor**, ~~or~~) visitors may park here. 직원들도 방문객들도 모두 여기에 주차할 수 없습니다.

> 🔆 **고득점 포인트**
>
> 접속사 nor는 not, no, never 등과 짝을 이루어 쓰이기도 하며, 이때 nor 뒤에 오는 주어와 동사는 도치된다.
> I **never** wear glasses, **nor** do I use contacts. 나는 안경도 콘택트렌즈도 착용하지 않는다.

③ 상관접속사로 연결된 주어와 동사의 수 일치

항상 복수 동사를 쓰는 주어	both A and B
동사를 A에 일치시키는 주어	A as well as B
동사를 B에 일치시키는 주어	either A or B not A but B neither A nor B not only A but (also) B

Both plastic **and** paper items need to be recycled. 플라스틱과 종이 물품들은 둘 다 재활용되어야 한다.
      A   B   복수 동사

Either sun block **or** an umbrella is recommended for beachgoers.
      A   B(단수)   단수 동사
자외선 차단제 또는 우산이 해수욕하는 사람들에게 추천된다.

📖 기출로 체크

우리말을 영어로 잘못 옮긴 부분이 있다면 바르게 고치세요. [2017년 지방직 9급 (6월 시행)]

그를 당황하게 한 것은 그녀의 거절이 아니라 그녀의 무례함이었다.
→ It was not her refusal but her rudeness that perplexed him.

[정답] 맞는 문장

포인트 적용 기출 문제 (Chapter 15)

01   우리말을 영어로 잘못 옮긴 것은?   [2016년 국가직 9급]

① 나의 이모는 파티에서 그녀를 만난 것을 기억하지 못했다.
  → My aunt didn't remember meeting her at the party.

② 나의 첫 책을 쓰는 데 40년이 걸렸다.
  → It took me 40 years to write my first book.

③ 학교에서 집으로 걸어오고 있을 때 강풍에 내 우산이 뒤집혔다.
  → A strong wind blew my umbrella inside out as I was walking home from school.

④ 끝까지 생존하는 생물은 가장 강한 생물도, 가장 지적인 생물도 아니고, 변화에 가장 잘 반응하는
  생물이다.
  → It is not the strongest of the species, nor the most intelligent, or the one most
  responsive to change that survives to the end.

02   다음 밑줄 친 부분 중 어법상 옳지 않은 것을 고르시오.   [2010년 서울시 9급]

Neither the research assistant's consortium ① <u>nor</u> the biotech laboratory ② <u>are</u>
poised ③ <u>to strike</u> a decisive blow in the debate over salaries that ④ <u>has been</u>
raging ⑤ <u>for over</u> a year.

01 **기출포인트** **상관접속사** 정답 ④

해설 '~은 가장 강한 생물도 (아니고), 가장 지적인 생물도 아니고, ~한 생물이다'는 not A nor B but C(A도 아니고, B도 아니고, C이다) 구문으로 나타낼 수 있으므로 or를 but으로 고쳐야 한다.

오답 분석 ① **기출포인트** **동명사와 to 부정사 둘 다 목적어로 취하는 동사** 동사 remember는 동명사나 to 부정사를 모두 목적어로 취할 수 있는 동사인데, '~한 것을 기억하다'라는 과거의 의미를 나타낼 때는 동명사를 목적어로 취한다. 따라서 동사 remember의 목적어 자리에 동명사 meeting이 올바르게 쓰였다.

② **기출포인트** **to 부정사 관련 표현** 동사 take는 '~하는데 ~만큼의 시간이 걸리다'라는 의미로 쓰일 때 'It takes + 사람(me) + 시간(40 years) + to 부정사'의 형태로 쓰이므로 It took me 40 years to write가 올바르게 쓰였다.

③ **기출포인트** **부사절 접속사 1: 시간 & 과거진행 시제** '걸어오고 있을 때'는 시간을 나타내는 부사절 접속사 as(~할 때)를 사용하여 나타낼 수 있으므로 as가 올바르게 쓰였고, '학교에서 집으로 걸어오고 있었다'라는 특정 과거 시점에서 진행되고 있었던 일을 표현하기 위해 과거진행 시제 was walking이 올바르게 쓰였다.

어휘 inside out 뒤집어 species 종 responsive to ~에 반응하는 survive 생존하다

02 **기출포인트** **상관접속사** 정답 ②

해설 상관접속사 'Neither A nor B'(A도 B도 아닌)로 연결된 주어는 B에 동사를 수 일치시키는데, B 자리에 단수 명사 the biotech laboratory가 왔으므로 복수 동사 are를 단수 동사 is로 고쳐야 한다.

오답 분석 ① **기출포인트** **상관접속사** 상관접속사는 짝이 맞는 것끼리 쓰여야 하므로 neither와 짝을 이루어 상관접속사 형태를 만드는 nor가 올바르게 쓰였다.

③ **기출포인트** **to 부정사 관련 표현** 형용사 poised는 to 부정사를 취해 'poised to'(~할 태세를 갖추고 있다)의 형태로 쓰일 수 있으므로 to 부정사 to strike가 올바르게 쓰였다.

④ **기출포인트** **주격 관계절의 수 일치 & 현재완료 시제** 주격 관계절(that has been ~ a year)의 동사는 선행사에 수 일치시켜야 하는데 선행사(the debate)가 단수 명사이므로 단수 동사 has가 왔고, '1년 넘도록 계속되어 오고 있는 임금에 대한 논쟁'은 과거에 시작된 일이 현재까지 계속되고 있음을 표현하고 있으므로 현재완료진행 시제 has been raging을 완성하는 has been이 올바르게 쓰였다.

⑤ **기출포인트** **전치사 2: 기간** 문맥상 '1년이 넘는 기간 동안'이라는 의미가 되어야 자연스러우므로, 시간 표현(a year) 앞에 와서 '얼마나 오래 지속되는가'를 나타내는 전치사 for(~ 동안)와, '(시간 등이) ~이 넘는'이라는 의미의 전치사 over가 올바르게 쓰였다.

해석 연구 조교 협회나 생명공학 실험실 중 어느 곳도 1년이 넘는 기간 동안 맹렬히 계속되어 오고 있는 임금에 대한 논쟁에 결정타를 가할 태세를 갖추고 있지 않다.

어휘 assistant 조교 consortium 협회 biotech 생명공학 laboratory 실험실 poised 태세를 갖추고 있는
strike 가하다, 부딪치다 a decisive blow 결정타 debate over ~에 대한 논쟁, 토론 rage 맹렬히 계속되다

등위접속사와 상관접속사

Chapter 15

해커스공무원 영어 문법 고득점 핵심노트

Chapter 15 등위접속사와 상관접속사 **155**

BASIC GRAMMAR 기본기 다지기

1. 명사절

명사절은 문장 내에서 **명사 역할**을 하는 절이다.

주어 역할	**What the company needs** is more staff. 그 회사가 필요로 하는 것은 더 많은 직원이다.
목적어 역할	Cathy wondered **whether her mail had arrived.** Cathy는 그녀의 메일이 도착했는지 안 했는지 궁금했다.
보어 역할	Jack's problem was **that he lost his passport.** Jack의 문제는 여권을 잃어버렸다는 것이다.

2. 명사절의 형태

① 명사절은 '명사절 접속사 (+ 주어) + 동사'로 이루어진다.

Can you tell me **where <u>shovels</u> <u>are sold</u>**? 어디에서 삽이 판매되는지 제게 말씀해 주시겠어요?

주어   동사

What <u>happened</u> last night was a severe thunderstorm. 어젯밤에 일어난 것은 심한 뇌우였다.

동사

② 명사절 접속사의 종류

의문사	who 누가 ~하는지 when 언제 ~하는지 which 어느 것이(을) ~하는지	why 왜 ~하는지 where 어디서 ~하는지	how 어떻게(얼마나) ~하는지 what 무엇이(을) ~하는지, ~한 것
복합관계대명사	whoever 누구든	whatever 무엇이든	whichever 어느 것이든

① 명사절 자리

주어	**That we recycle plastic** is helpful. 우리가 플라스틱을 재활용하는 것은 도움이 된다.
동사의 목적어	She remembered **who had called her earlier**. 그녀는 좀 전에 누가 그녀에게 전화했었는지 기억했다.
전치사의 목적어	Mary has to send her TV back to **where it was made**. Mary는 그녀의 TV를 그것이 만들어진 곳으로 돌려보내야 한다.
보어	The point of the story is **that love conquers all**. 그 이야기의 요지는 사랑이 모든 것을 이긴다는 것이다.

② 명사절 접속사 자리: 대명사는 올 수 없음

(**When**, ~~It~~) passengers can board will be announced shortly.

승객분들께서 언제 탑승하실 수 있는지는 곧 방송될 것입니다.

→ 대명사(It)는 절(passengers ~ board)을 이끌 수 없으므로 접속사가 와야 한다. 동사(will be announced)의 주어가 될 수 있는 명사절을 이끌기 위해서는 명사절 접속사(When)가 와야 한다.

③ 명사절 내 동사 자리: 준동사(to 부정사, 동명사, 분사)는 올 수 없음

The employees insisted that they (**have**, ~~to have~~, ~~having~~) opportunities to promote.

직원들은 그들이 승진할 기회를 가져야 한다고 주장했다.

→ 명사절(that they ~ promote) 내의 동사 자리에 준동사는 올 수 없으므로, 동사(have)가 와야 한다.

📖 **기출로 체크**

어법상 틀린 부분이 있다면 바르게 고치세요. [2015년 국가직 9급]

That a husband understands a wife does not mean they are necessarily compatible.

남편이 아내를 이해한다는 것이 그들이 반드시 화목하게 지낼 수 있다는 것을 의미하지는 않는다.

[정답] 맞는 문장

① that이 이끄는 명사절의 문장 내 역할

주어	**That the performance was canceled** disappointed many fans. 공연이 취소된 것은 많은 팬들을 실망시켰다.
동사의 목적어	The police found **that the window was broken**. 경찰은 유리창이 깨진 것을 발견했다.
보어	It seems **that the situation is getting better**. 상황이 나아지고 있는 것으로 보인다.
동격절	The fact **that the Moon is larger than Mars** is not true. 달이 화성보다 크다는 사실은 진실이 아니다.

🔅 고득점 포인트

1. that이 이끄는 명사절은 전치사의 목적어로는 쓰일 수 없다.
   I think of that he is my best friend. 나는 그가 나의 가장 친한 친구라고 생각한다.

2. '말하다, 보고하다, 생각하다, 알다' 등을 의미하는 동사의 목적어로 쓰인 that절의 that은 생략될 수 있다.
   She understands (that) he needs more time to think. 그녀는 그가 생각할 시간이 더 필요하다는 것을 이해한다.

② that절을 취하는 형용사

be aware that ~을 알고 있다	be sorry that ~해서 유감이다	be glad/happy that ~해서 기쁘다
be convinced that ~을 확신하다	be sure that ~을 확신하다	be afraid that 미안하지만 ~이다

I **was sure that** she will finish the work by today. 나는 그녀가 오늘까지 업무를 끝내리라는 것을 확신했다.

③ 동격절을 취하는 명사

fact that ~라는 사실	statement that ~라는 언급	opinion that ~라는 의견
truth that ~라는 사실	news that ~라는 소식	report that ~라는 보도, 소문
idea that ~라는 의견, 생각	claim that ~라는 주장	

The defendant appealed the **opinion that** he was innocent. 피고인은 그가 무죄라는 의견을 호소했다.

📝 기출로 체크

어법상 틀린 부분이 있다면 바르게 고치세요. [2016년 지방직 7급]

This led to that we today call improvisation. 이것은 오늘날 우리가 즉흥 연주라고 부르는 것이 되었다.

[정답] to that ⇒ to what

① if나 whether가 이끄는 명사절의 역할

주어	**Whether he is coming (or not)** is my concern. 그가 올지(안 올지)가 내 관심사이다.
동사의 목적어	She is still deciding **if she should change careers.** 그녀는 직업을 바꿔야 할지 말아야 할지 아직 결정하는 중이다.
전치사의 목적어	They debated on **whether they should change tax law (or not).** 그들은 그들이 세법을 바꿔야 할지 (말아야 할지)에 대해 토론했다.
보어	My concern is **if it's going to rain tomorrow.** 나의 걱정거리는 내일 비가 오는지 안 오는지이다.

고득점 포인트

1. if가 이끄는 명사절은 주어나 전치사의 목적어로는 쓰일 수 없다.
   (Whether, ~~If~~) I pass this interview (or not) is crucial. 내가 이 면접을 통과할 수 있을지 없을지가 중요하다.
2. if는 '만약 ~라면'이란 뜻의 부사절 접속사로, whether는 '~이든지 아니든지'란 뜻의 부사절 접속사로도 쓰인다.
   I will take a taxi home **if it's still raining.** 만약 여전히 비가 오면 나는 택시를 타고 집에 가겠다.
   Whether it's feasible or not, we're going ahead with the project.
   그것이 가능하든지 불가능하든지 간에, 우리는 그 프로젝트를 진행할 것이다.

② whether가 이끄는 명사절: whether A or B, whether or not으로 자주 사용

They're still deliberating **whether** they will sell the company **or** propose a merger.
그들은 아직도 회사를 매각할지 아니면 합병을 제안할지 신중히 생각하고 있다.

The supervisor will determine **whether** the project requires more employees **or not**.
감독관은 그 프로젝트에 더 많은 직원들이 필요한지 아닌지 결정할 것이다.

고득점 포인트

'whether or not'은 쓸 수 있지만, 'if or not'은 쓸 수 없다.
The client wondered (whether, ~~if~~) or not she could meet her real estate agent.
그 고객은 그녀가 부동산 중개인을 만날 수 있는지 없는지 궁금했다.

기출로 체크

어법상 틀린 부분이 있다면 바르게 고치세요.　　　　　　　　　　　　　　　　　　[2016년 국가직 9급]

But he will come or not is not certain. 그가 올지 안 올지는 확실하지 않다.

[정답] But ⇒ Whether

04 | 명사절 접속사 3: 의문사

① 의문사가 이끄는 명사절의 형태

의문대명사	who, whom, whose, that,which	+ 불완전한 절
의문형용사	whose, what, which	+ 명사 + 불완전한 절
의문부사	when, where, how, why	+ 완전한 절

Who will escort the ambassadors hasn't been decided. 누가 대사를 호위할지는 아직 정해지지 않았다.

→ 의문대명사(Who)가 그것이 이끄는 명사절에서 주어 역할을 하므로, 뒤에 주어가 없는 불완전한 절이 온다.

Please tell me **which color** suits me better. 어떤 색깔이 내게 더 잘 어울리는지 말해 주세요.

→ '의문형용사 + 명사'(which color)가 명사절에서 주어 역할을 하므로, 뒤에 주어가 없는 불완전한 절이 온다.

She explained to the class **why** ice melts at room temperature.

그녀는 반 아이들에게 왜 얼음이 상온에서 녹는지 설명했다.

→ 의문부사(why)는 그것이 이끄는 명사절 내에서 부사 역할을 하므로, 뒤에 완전한 절이 온다.

> **🔆 고득점 포인트**
>
> how는 형용사나 부사를 꾸며 주기도 하며, '얼마나 ~한'의 의미를 나타낸다.
> Do you know how often the bus to the museum comes? 그 박물관으로 가는 버스가 얼마나 자주 오는지 아시나요?

② 의문사 + to 부정사

'의문사 + to 부정사'는 명사절 자리에 오며, '의문사 + 주어 + should + 동사원형'으로 바꿀 수 있다.

He didn't know **what to write(= what he should write)** for his report.

그는 그의 보고서에 무엇을 써야 할지 알지 못했다.

> **🔆 고득점 포인트**
>
> 'whether + to 부정사'도 명사절 자리에 올 수 있다.
> She needs to decide **whether to apply for the college.** 그녀는 그 대학에 지원할지 말지 결정해야 한다.

> **📖 기출로 체크**
>
> **어법상 틀린 부분이 있다면 바르게 고치세요.**   [2019년 서울시 9급 (2월 추가)]
>
> They study the remains of long-extinct animals and they speculate about what the animals might
> have looked when they were alive.
>
> 그들은 오래 전 멸종된 동물들의 유해를 연구하고 그것들이 살아있었을 때 어떻게 보였을지에 대해 추측한다.
>
> [정답] what ⇒ how

① 복합관계대명사가 이끄는 명사절의 역할

주어	**Whoever left this bag yesterday** hasn't come back to claim it. 어제 이 가방을 놓고 간 사람이 누구든 아직도 그것을 찾으러 돌아오지 않았다.
목적어	You may select **whichever you prefer**. 너는 네가 선호하는 어느 것이든 고를 수 있다.
보어	You can become **whoever you have been dreamed of**. 너는 네가 꿈꿔왔던 누구든 될 수 있다.

② 복합관계대명사 + 불완전한 절

복합관계대명사는 '대명사 + 관계대명사' 역할을 하므로 뒤에는 불완전한 절이 온다.

Whichever(= Anything that) <u>costs the least</u> is the one I will buy.
가장 싼 것이 어느 것이든 내가 살 것이다.

③ 복합관계대명사의 선택

	주격	목적격
사람	whoever 누구든	who(m)ever 누구든
사물	whatever 무엇이든 whichever 어느 것이든	whatever 무엇이든 whichever 어느 것이든

🔦 고득점 포인트

복합관계대명사의 격(주격/목적격)은 그것이 이끄는 명사절 내에서 그것이 하는 역할에 따라 결정된다.
Review the applicants and choose <u>whomever</u> <u>you</u> <u>want</u>. 지원자들을 검토하고 네가 원하는 누구든 선택해라.
　　　　　　　　　　　　　　　　　　　목적어 역할　주어　동사

📖 기출로 체크

우리말을 영어로 잘못 옮긴 부분이 있다면 바르게 고치세요.　　　　　　　　　　[2020년 지방직 9급]

설문지를 완성하는 누구에게나 선물카드가 주어질 예정이다.
→ A gift card will be given to whomever completes the questionnaire.

[정답] whomever ⇒ whoever

06 what vs. that

① what절과 that절의 역할

what절	that절
(문장 내에서) 명사 역할	(문장 내에서) 명사, 형용사, 부사 역할

명사 역할   **What is necessary at work** is punctuality and a good attitude.
직장에서 필요한 것은 시간 엄수와 좋은 태도이다.

She said **that she could help me paint my apartment**.
그녀는 내가 나의 아파트를 페인트칠하는 것을 도울 수 있다고 말했다.

형용사 역할   Jupiter is the largest planet **that orbits the sun**.
목성은 태양 주위를 도는 가장 큰 행성이다.

부사 역할   He was so firm **that I couldn't dissuade him**.
그는 너무나 확고해서 나는 그를 단념시킬 수 없었다.

② what절과 that절이 명사절로 쓰일 때의 형태

what절	that절
what + 불완전한 절	that + 완전한 절

Designing company logos is (**what**, ~~that~~) Adam does for his job.
회사 로고를 디자인 하는 것은 Adam이 직업으로 하는 것이다.

→ 접속사 뒤에 목적어가 없는 불완전한 절(Adam does for his job)이 이어지고 있으므로, what이 와야 한다.

Patricia said (**that**, ~~what~~) she would pay the bill.   Patricia는 그녀가 계산할 것이라고 말했다.

→ 접속사 뒤에 완전한 절(she would pay the bill)이 이어지고 있으므로, that이 와야 한다.

📖 **기출로 체크**

어법상 틀린 부분이 있다면 바르게 고치세요.   [2017년 지방직 9급 (6월 시행)]

Academic knowledge isn't always that leads you to make right decisions.
학문적 지식이 항상 당신이 올바른 결정을 내리도록 이끄는 것은 아니다.

[정답] that ⇒ what

01 우리말을 영어로 잘못 옮긴 것은?   [2019년 지방직 7급]

① 옆집에 사는 여자는 의사이다.
→ The woman who lives next door is a doctor.

② 당신은 런던에 가본 적이 있나요?
→ Have you ever been to London?

③ 내가 명령한 것만 하시오.
→ Please just do which I ordered.

④ 그가 사랑에 빠졌던 여자는 한 달 뒤에 그를 떠났다.
→ The woman he fell in love with left him after a month.

02 우리말을 영어로 잘못 옮긴 것은?   [2012년 국가직 7급]

When the Dalai Lama fled across ① the Himalayas into exile in the face of ② advancing Chinese troops, ③ little did the youthful spiritual leader know ④ what he might never see his Tibetan homeland again.

01 기출포인트 **명사절 자리와 쓰임** 정답 ③

해설 목적어가 없는 불완전한 절(I ordered)을 이끌면서 동사(do)의 목적어 자리에 올 수 있는 것은 명사절 접속사 what이 므로 which를 명사절 접속사 what으로 고쳐야 한다.

오답 분석
① 기출포인트 **관계대명사** 선행사 The woman(여자)이 사람이고 관계절 내에서 동사(lives)의 주어 역할을 하므로 사람을 가리키는 주격 관계대명사 who가 올바르게 쓰였다.

② 기출포인트 **현재완료 시제** 런던에 가본 경험이 있는지를 물어보고 있으므로, '경험'을 나타내는 현재완료 시제 Have you ever been이 올바르게 쓰였다.

④ 기출포인트 **관계대명사** 선행사 The woman 뒤에 목적격 관계대명사 whom이 생략된 관계절(he fell in love with)이 올바르게 쓰였다.

어휘 order 명령하다 fall in love 사랑에 빠지다

02 기출포인트 **what vs. that** 정답 ④

해설 동사(know)의 목적어 자리에서 완전한 절(he might ~ again)을 이끌 수 있는 명사절 접속사는 that이므로 불완전한 절을 이끄는 명사절 접속사 what을 that으로 고쳐야 한다.

오답 분석
① 기출포인트 **정관사 the** 산맥의 이름을 나타내는 고유명사(Himalayas)는 정관사 the와 함께 쓰이므로 the Himalayas(히말라야 산맥)가 올바르게 쓰였다.

② 기출포인트 **형용사 자리** 명사(Chinese troops)를 앞에서 수식할 수 있는 것은 형용사이므로 '진격하는'이라는 의미를 나타내는 형용사 advancing이 올바르게 쓰였다.

③ 기출포인트 **도치 구문: 부사구 도치 1** 부정을 나타내는 부사(little)가 강조되어 절의 맨 앞에 나오면 주어와 조동 사가 도치되어 '부사(little) + 조동사(did) + 주어(the youthful ~ leader) + 동사(know)'의 어순이 되어야 하므 로 little did가 올바르게 쓰였다.

해석 달라이 라마가 진격하는 중국 군대에 직면하여 히말라야 산맥을 넘어 달아나 망명길에 올랐을 때, 그 젊은 정신적 지도 자는 그가 다시는 그의 고국 티베트를 볼 수 없을지도 모른다는 것을 거의 전혀 알지 못했다.

어휘 flee 달아나다 exile 망명, 유배 in the face of ~에 직면하여 advance 진격하다 troop 군대 youthful 젊은 spiritual 정신적인 homeland 고국

BASIC GRAMMAR 기본기 다지기

1. 부사절

부사절은 문장 내에서 부사 역할(= 수식어 거품)을 하는 절이다.

I was already awake **when the sun rose.** 해가 떴을 때 나는 이미 깨어 있었다.

시간을 나타내는 부사 역할

If you have time, let's play chess. 만약 네가 시간이 있다면, 체스를 하자.

조건을 나타내는 부사 역할

Though it may seem childish, I still watch cartoons.

양보를 나타내는 부사 역할

비록 유치해 보일지도 모르지만, 나는 여전히 만화를 본다.

She commutes by bus **because it's convenient.** 버스가 편리하기 때문에 그녀는 버스로 통근한다.

이유를 나타내는 부사 역할

* 부사절은 부사 역할을 하는 수식어 거품이므로 부사절이 없어도 문장이 성립된다.

2. 부사절의 형태

부사절은 '부사절 접속사 + 주어 + 동사'로 이루어진다.

When you arrive, please call me. 당신이 도착할 때, 저에게 전화주세요.
　　　주어　　동사

He enjoyed studying algebra, **though** (it was) difficult.
　　　　　　　　　　　　　　　　　　주어　동사

비록 어려웠지만, 그는 대수학을 공부하는 것을 즐겼다.

→ 부사절은 '부사절 접속사(When) + 주어(you) + 동사(arrive)'로 이루어져 있다. 단, 부사절의 동사가 be동사일
　경우, 부사절 접속사 뒤의 '주어 + 동사'를 생략할 수 있다.

① 부사절의 역할과 위치

부사절은 수식어 거품 역할을 하므로, 주로 필수 성분 앞이나 뒤에 온다.

● + 필수 성분　**While I walked along the river**, I met her.　강을 따라 걷는 동안, 나는 그녀를 만났다.
　　　　　　　　　　　　　　　필수 성분(주어 + 동사 + 목적어)

필수 성분 + ●　I will attend the party **if I finish work early**.　일을 일찍 끝내면 나는 파티에 참석할 것이다.
　　　　　　　필수 성분(주어 + 동사 + 목적어)

② 부사절 접속사 vs. 전치사 vs. 부사

부사절 접속사 자리에 전치사나 부사는 올 수 없다.

(**Although**, ~~Despite~~, ~~Nevertheless~~) he is old, he is quite strong.

비록 그는 나이가 많지만, 상당히 강하다.

> **🔎 고득점 포인트**
>
> 아래의 접속부사는 절을 이끌 수 없으며 부사절 접속사 대신 쓰일 수 없다.
>
> | | | | |
> |---|---|---|---|
> | besides 게다가 | moreover 더욱이 | therefore/thus 그러므로 | that is 말하자면 |
> | otherwise 그렇지 않으면 | however 그러나 | nevertheless 그럼에도 불구하고 | nonetheless 그럼에도 불구하고 |

③ 의미가 유사하여 혼동하기 쉬운 부사절 접속사/전치사/부사

	부사절 접속사	전치사	부사
~ 동안	while	during	-
~ 때문에	because	because of	-
비록 ~이지만	although/though	in spite of/despite	nevertheless/nonetheless

---

> 📖 **기출로 체크**
>
> **어법상 틀린 부분이 있다면 바르게 고치세요.**　　　　　　　　　　　　　[2015년 서울시 9급]
>
> Despite cats cannot see in complete darkness, their eyes are much more sensitive to light than human eyes.
>
> 고양이들은 완전한 어둠 속에서 볼 수 없지만, 그들의 눈은 인간의 눈보다 빛에 훨씬 더 민감하다.
>
> [정답] Despite ⇒ While/although/though

① 시간을 나타내는 부사절 접속사

when ~일 때, ~할 때	as ~함에 따라, ~할 때	while ~하는 동안
before ~하기 전에	until ~할 때까지	after ~한 후에
since ~한 이래로	as soon as ~하자마자 (= no sooner A than B)	

I've been practicing tennis **since** I first played it. 나는 처음으로 테니스를 친 이래로 테니스 연습을 해오고 있다.

I can't watch TV **before** I finish my homework. 나는 숙제를 끝내기 전에 TV를 볼 수 없다.

> 💡 **고득점 포인트**
>
> 부사절 접속사 until을 사용한 not A until B 구문을 함께 알아둔다.
> · not A until B (B할 때까지는 A하지 못하다 = B하고 나서야 비로소 A하다)
>   = not until B ~ A = it was not until B that A
> I did **not** realize the importance of money **until** I needed it.
> = Not until I needed it did I realize the importance of money.
> = It was not until I needed it that I realized the importance of money.
> 나는 돈이 필요할 때까지 돈의 중요성을 깨닫지 못했다. (= 돈이 필요하고 나서야 돈의 중요성을 깨달았다.)

② 조건을 나타내는 부사절 접속사

if 만약 ~라면	unless 만약 ~아니라면 (= if ~ not)	in case ~(의 경우)에 대비하여
as long as ~하는 한, ~하면	once 일단 ~하자, 일단 ~하면	
provided/providing (that) 오직 ~하는 경우에 (= only if)		

If you wear a swimsuit, you can enter the pool. 만약 네가 수영복을 입으면, 너는 그 수영장에 들어갈 수 있다.

📖 **기출로 체크**

우리말을 영어로 잘못 옮긴 부분이 있다면 바르게 고치세요.   [2014년 사회복지직 9급]

그가 전화를 하고 나서야 나는 지갑을 잃어버린 것을 알았다.
→ I did realize I had lost my wallet until he called me.

[정답] I did realize ⇒ I didn't realize

부사절

Chapter 17

해커스공무원 영어 문법 고득점 핵심노트

① 양보를 나타내는 부사절 접속사

although/though/even if/even though 비록 ~이지만	
whereas/while 반면에	whether ~이든지 -이든지 (간에)

Although difficult, these books are worth reading. 비록 어렵지만, 이 책들은 읽을 가치가 있다.

My sister loves to read science-fictions, **whereas** I like romances.
나의 자매는 공상 과학 소설을 읽는 것을 좋아하는 반면에, 나는 연애 소설을 좋아한다.

Whether young or old, people should respect each other.
젊든지 나이가 들었든지 간에, 사람들은 서로 존중해야 한다.

> **고득점 포인트**
>
> as/though는 '비록 ~이지만'이라는 의미의 양보를 나타내는 부사절 접속사로 쓰일 때 아래의 어순으로 쓰인다. 이때, 보어로 명사가 오면 관사(a/an/the) 없이 쓰인다.
>
> | (As +) 보어(명사·형용사·분사)/부사 + as[though] + 주어 + 동사 |
> |---|
>
> <u>Young</u> <u>as[though]</u> <u>Charlie</u> <u>is</u>, he's very mature. 비록 Charlie는 어리지만, 그는 매우 성숙하다.
> 보어(형용사)　as　　주어　동사

② 이유를 나타내는 부사절 접속사

because, as, since ~기 때문에	now (that) ~이니까	in that ~라는 점에서

Because the new CD is popular, it is sold out. 그 새로 나온 CD는 인기가 많기 때문에, 매진되었다.

Now that this semester is over, we should plan a trip to Chicago.
이번 학기가 끝났으니까, 우리는 시카고로 가는 여행을 계획해야 한다.

The story is an abridged version **in that** some scenes have been removed.
몇몇 장면들이 제거되었다는 점에서 그 이야기는 요약된 형태이다.

③ 기타 접속사

so that/in order that ~ can/may/will ~하도록	so that (~해서 그 결과) ~하다
so/such ~ that 매우 ~해서 ~하다　　as if, as though 마치 ~처럼	(just) as, (just) like ~처럼
except that, but that ~을 제외하고　　lest ~하지 않도록	for fear (that) ~할까 (두려워서)

Please keep the window open **so that** the room **can** cool down.
방이 서늘해질 수 있도록 창문을 계속 열어 두세요.

They woke up early, **so that** they could see the sunrise. 그들은 일찍 일어나서, (그 결과) 일출을 볼 수 있었다.

The car was **so** expensive **that** Lisa could not afford it. 그 차가 너무 비싸서 Lisa는 차를 살 수 없었다.

He acted **as if** he was a celebrity. 그는 마치 그가 유명 인사인 것처럼 행동했다.

The renovations turned out **(just) like** I wanted them to. 수리는 내가 원했던 것처럼 잘 되었다.

These new glasses are nice **except that** they're too expensive.
이 새 안경은 너무 비싸다는 점을 제외하고는 좋다.

I exercise regularly **lest** I (should) gain weight. 나는 몸무게가 늘지 않도록 규칙적으로 운동한다.

I ran **for fear (that)** I would be late for school. 나는 학교에 늦을까봐 뛰었다.

📖 **기출로 체크**

우리말을 영어로 잘못 옮긴 부분이 있다면 바르게 고치세요.　　　　　[2017년 국가직 9급 (4월 시행)]

비록 그 일이 어려운 것이었지만, Linda는 그것을 끝내기 위해 최선을 다했다.
→ As difficult a task as it was, Linda did her best to complete it.

[정답] 맞는 문장

① 복합관계부사

> whenever (= no matter when) 언제 ~하더라도, 언제 ~하든 상관없이(= at any time when)
> wherever (= no matter where) 어디로/어디에서 ~하더라도, 어디로/어디에 ~하든 상관없이 (= at any place where)
> however (= no matter how) 아무리 ~하더라도

I work on a sculpture project **whenever** I have free time.
나는 언제 여가 시간이 있든 상관없이, 조소 프로젝트에 공을 들인다.

She made friends **wherever** she went. 그녀는 어디로 가든지 친구를 사귀었다.

Because of his extensive training, the runner never gets tired, **however** long he runs.
엄청난 훈련 덕분에, 그 달리기 선수는 아무리 오래 뛰어도 절대 지치지 않는다.

② 복합관계대명사

> whoever (= no matter who) 누가 ~하더라도, 누가 ~하든 상관없이
> whatever (= no matter what) 무엇이/무엇을 ~하더라도
> whichever (= no matter which) 어느 것이/어느 것을 ~하더라도

Whoever finds a missing watch, please return it to the front desk.
누가 잃어버린 시계를 찾든 상관없이, 안내 데스크로 돌려주시기 바랍니다.

Whatever happens, I will support you. 무슨 일이 일어나더라도, 나는 너를 지지할 것이다.

Whichever you choose, it will be the best choice. 당신이 어느 것을 선택하더라도, 그것은 최선의 선택일 것이다.

> **⚡ 고득점 포인트**
>
> 복합관계대명사 whatever, who(m)ever, whichever는 문장 내에서 주어, 목적어, 보어 역할을 하는 명사절을 이끌 수도 있다.
>
> <u>Whatever she suggests</u> always <u>helps</u> me a lot. 그녀가 무엇을 제안하든 항상 내게 많은 도움이 된다.
>   주어(명사절)   동사

③ 복합관계부사 however의 쓰임

however + 형용사/부사 + 주어 + 동사 얼마나 형용사/부사 하든 ~

형용사/부사 수식

I can always find a seat on the bus, **however crowded it may be**.

형용사　주어　동사

버스가 얼마나 붐비게 되든, 나는 항상 버스에서 좌석을 찾을 수 있다.

📖 기출로 체크

어법상 틀린 부분이 있다면 바르게 고치세요.　　　　　　　　　　　　　　　　[2014년 지방직 9급]

However you may try hard, you cannot carry it out.

당신이 얼마나 열심히 노력하든, 당신은 그것을 이행할 수 없다.

[정답] However you may try hard ⇒ however hard you may try

포인트 적용 기출 문제 (Chapter 17)

01 밑줄 친 부분 중 어법상 옳지 않은 것은? [2013년 국가직 9급]

> Noise pollution ① is different from other forms of pollution in ② a number of ways.
> Noise is transient: once the pollution stops, the environment is free of it. This is not
> the case with air pollution, for example. We can measure the amount of chemicals
> ③ introduced into the air, ④ whereas is extremely difficult to monitor cumulative
> exposure to noise.

02 우리말을 영어로 가장 잘 옮긴 것을 고르시오. [2021년 국가직 9급]

① 당신이 부자일지라도 당신은 진실한 친구들을 살 수는 없다.
   → Rich as if you may be, you can't buy sincere friends.
② 그것은 너무나 아름다운 유성 폭풍이어서 우리는 밤새 그것을 보았다.
   → It was such a beautiful meteor storm that we watched it all night.
③ 학위가 없는 것이 그녀의 성공을 방해했다.
   → Her lack of a degree kept her advancing.
④ 그는 사형이 폐지되어야 하는지 아닌지에 대한 에세이를 써야 한다.
   → He has to write an essay on if or not the death penalty should be abolished.

01 | 기출포인트 | **부사절 & 가짜 주어 구문** 정답 ④

| 해설 | 부사절 접속사(whereas) 뒤에는 주어와 동사를 갖춘 완전한 절이 와야 하는데, 문맥상 '소음의 누적되는 노출량을 관찰하는 것은 매우 어렵다'라는 의미가 되어야 자연스러우므로, 부사절(whereas ~ noise) 내의 to 부정사(to monitor ~ noise)가 진짜 주어임을 알 수 있다. 따라서 to 부정사와 같은 긴 주어를 대신하는 가주어 it을 주어 자리에 써서 whereas is를 whereas it is로 고쳐야 한다.

| 오답 분석 | ① | 기출포인트 | **전치사 3: 방향** 형용사 different는 전치사 from과 함께 'be different from'(~와 다르다)의 형태로 쓰일 수 있으므로 is different from이 올바르게 쓰였다.

② | 기출포인트 | **수량 표현의 수 일치** 수량 표현 a number of(많은 ~)는 가산 복수 명사(ways)와 쓰이므로 a number of ways가 올바르게 쓰였다.

③ | 기출포인트 | **현재분사 vs. 과거분사 & 전치사 3: 방향** 수식받는 명사(chemicals)와 분사가 '화학 물질이 공기로 유입되다'라는 의미의 수동 관계이므로 과거분사 introduced가 올바르게 쓰였고, '~안으로'라는 의미의 전치사 into 역시 올바르게 쓰였다.

| 해석 | 소음 공해는 다른 형태의 공해와는 여러 면에서 다르다. 소음은 일시적이다. 즉, 일단 공해가 멈추면, 환경은 그것에서 벗어나게 된다. 예를 들어, 대기오염의 경우는 그렇지 않다. 우리는 공기로 유입된 화학 물질의 양을 측정할 수 있지만, 소음의 누적되는 노출량을 관찰하는 것은 매우 어렵다.

| 어휘 | pollution 공해, 오염   transient 일시적인   cumulative 누적되는

02 | 기출포인트 | **부사절 접속사 2: 기타 & 혼동하기 쉬운 어순** 정답 ②

| 해설 | '너무나 아름다운 유성 폭풍이어서 ~ 보았다'는 '매우 ~해서 -하다'라는 의미의 부사절 접속사 such ~ that을 사용해서 나타낼 수 있고, such 뒤의 형용사가 명사를 수식할 때는 'such + a/an + 형용사(beautiful) + 명사(meteor storm)'의 어순으로 나타낼 수 있으므로 such a beautiful meteor storm that we watched ~가 올바르게 쓰였다.

| 오답 분석 | ① | 기출포인트 | **부사절 접속사 2: 양보** 문맥상 '부자일지라도'는 양보의 부사절 접속사 as(비록 ~이지만)를 사용하여 나타낼 수 있으므로, as if를 부사절 접속사 as로 고쳐야 한다. 참고로, 양보의 부사절 내의 보어가 강조되어 as 앞에 나오면 '(As +) 보어(Rich) + as + 주어(you) + 동사(may be)'의 어순으로 쓰인다.

③ | 기출포인트 | **전치사 숙어 표현** '그녀의 성공을 방해했다'는 목적어 뒤에 특정 전치사구와 함께 쓰이는 숙어 표현 'keep + 목적어(her) + from'(~이 -하지 못하게 방해하다)으로 나타낼 수 있으므로, kept her advancing을 kept her from advancing으로 고쳐야 한다.

④ | 기출포인트 | **명사절 접속사 2: if와 whether** 명사절 접속사 if와 whether 모두 '~인지 아닌지'라는 의미이지만, if는 'if or not'의 형태로 쓰일 수 없고, if가 이끄는 명사절은 전치사 on의 목적어 자리에 올 수 없으므로 if를 whether로 고쳐야 한다.

| 어휘 | as if 마치 ~인 것처럼   sincere 진실한, 성실한   meteor storm 유성 폭풍   degree 학위   advance 성공을 돕다
death penalty 사형 제도   abolish 폐지하다

18 관계절

BASIC GRAMMAR 기본기 다지기

1. 관계절

관계절은 문장 내에서 관계절 앞의 명사를 꾸며 주는 형용사 역할을 하는 절이다.

Jane rewarded <u>the man</u> **who rescued her cat.** Jane은 그녀의 고양이를 구해준 남자에게 보답했다.
명사(선행사)

2. 관계절의 형태

관계대명사	(+ 주어) + 동사
관계부사	+ 주어 + 동사

The band released a song **that became extremely popular.**
　　　　　　　　　　　　　　　관계대명사　동사

그 밴드는 매우 유명해진 노래를 발표했다.

The couple had dinner at the restaurant **where they first met.**
　　　　　　　　　　　　　　　　　　　　　관계부사　주어　　　동사

그 커플은 그들이 처음 만난 식당에서 저녁 식사를 했다.

3. 관계절의 용법

한정적 용법	앞의 명사 한정
계속적 용법	앞의 명사에 대해 부가 설명

This store sells <u>air conditioners</u> **which cost $99.** 이 가게는 99달러인 에어컨을 판다.

→ 이 가게에 99달러인 에어컨 외에 다른 에어컨이 있을 수 있음

This store sells <u>air conditioners</u>, **which cost $99.**

이 가게는 에어컨을 파는데, 그것(에어컨)은 99달러이다.

→ 이 가게에 있는 에어컨은 모두 99달러임

① 관계절의 역할과 위치

관계절은 선행사를 꾸며주는 수식어 거품 역할을 하며, 선행사 뒤에 온다.

The tenant **who lives on the third floor** is moving out next week.
　　선행사
3층에 사는 세입자는 다음 주에 이사를 간다.

② 관계사 vs. 명사절 접속사

관계사	명사절 접속사
형용사 역할	명사 역할

She read the brochure **that** she was given at the fair. 그녀는 박람회에서 받은 책자를 읽었다.
　　　　　　명사　　　　　　　관계절(형용사 역할)

The teacher knows **what** happened in the classroom yesterday.
　　　　　　동사　　　　　　　목적어(명사 역할)
그 선생님은 어제 교실에서 무슨 일이 일어났는지 안다.

③ 관계절의 동사 자리

관계절의 동사 자리에 동사가 아닌 형태(준동사, 명사, 부사)는 올 수 없으며, 선행사와 수, 태가 맞는 동사가
와야 한다.

Mr. Kim is the one who (**organizes**, ~~organizing~~) the conference next Thursday.
Mr. Kim은 다음 목요일에 학회를 준비하는 사람이다.

Focus Weekly provides updates on the latest events that (**occur**, ~~occurs~~) in the world of
photography.
'*Focus Weekly*'지는 사진계에서 일어나는 최근 사건들에 관련된 최신 정보를 제공한다.

📖 **기출로 체크**

어법상 틀린 부분이 있다면 바르게 고치세요.　　　　　　　　　　　　　　　　[2015년 지방직 9급]

Pattern books frequently contain pictures what may facilitate story comprehension.
패턴 북은 종종 이야기의 이해를 용이하게 할 수 있는 사진들을 포함한다.

[정답] what ⇒ which/that

02 관계대명사

① 관계대명사 선택: 선행사의 종류와 관계절 내에서 그것이 하는 역할에 따라서 선택

선행사 　　격	주격	목적격	소유격
사람	who	whom, who	whose
사물·동물	which	which	of which / whose
사람·사물·동물	that	that	-

I picked up <u>my friend</u> (**who, that**) had arrived from Paris.　나는 파리에서 도착한 친구를 태우러 갔다.
　　　　　　　선행사(사람)　주격 관계대명사

He will lend me <u>the CD</u> (**which, that**) I requested.　그는 내가 요청했던 CD를 나에게 빌려줄 것이다.
　　　　　　　　선행사(사물)　목적격 관계대명사

I watched <u>a documentary</u>, (the topic **of which**, **whose** topic) was global warming.
　　　　　　　선행사(사물)　　　　　　　　　소유격 관계대명사
나는 다큐멘터리를 보았는데, 그것의 주제는 지구 온난화였다.

> **⑫ 고득점 포인트**
>
> 1. 목적격 관계대명사와 '주격 관계대명사 + be동사'는 생략할 수 있다.
>
> 2. 선행사가 부정어나 의문사인 경우 but이 관계대명사처럼 쓰일 수 있다. 이때 but은 'that not'(~가 아닌)의 의미를 가지므로 부정어와 쓸 수 없다.
>   There is **no one** <u>but</u> doesn't loves their own children. [X]
>   → There is **no one** <u>but</u> loves their own children. [O]　자신의 아이들을 사랑하지 않는 사람은 없다.

② 선행사 + 관계대명사 + 삽입 어구

'주어 + know/say/think/feel/hope' 등의 삽입 어구는 관계대명사의 격 선택에 영향을 미치지 않는다.

He is <u>the person</u> (**who**, ~~whom~~) (I think) borrowed my pen.　내 생각에는 그가 내 펜을 빌려 간 사람이다.
　　　선행사　주격 관계대명사　　　　삽입절

> **📖 기출로 체크**
>
> 어법상 틀린 부분이 있다면 바르게 고치세요.　　　　　　　　　　　　　　[2013년 지방직 9급]
>
> Continuing uprising against Russian/Soviet rule, the last was in 1934, caused the anger of Stalin.
> 그것(반란)의 마지막이 1934년에 있었던 러시아/구소련의 지배에 대한 지속적인 반란은 스탈린의 분노를 유발했다.
>
> [정답] the last ⇒ the last of which

기출포인트 03 | 관계대명사 that

출제빈도 ★★

① **관계대명사 that의 쓰임**: 소유격 관계대명사를 제외한 모든 관계대명사 대신 사용 가능

주격 관계대명사 = who, which	The student (**that**, **who**) takes attendance is one year older than his peers. 출석을 확인하는 그 학생은 그의 또래들보다 한 살 더 많다.
목적격 관계대명사 = which, whom, who	I read the e-mail (**which**, **that**) you sent. 나는 네가 보낸 이메일을 읽었다.

🔅 **고득점 포인트**

1. 콤마(,) 뒤에 오는 계속적 용법으로 쓰인 관계절에는 관계대명사 that이 올 수 없다.
   Sleeping deeply stimulates brain activity, (**which**, ~~that~~) may result in vivid dreams.
   잠을 깊게 자는 것은 두뇌 활동을 자극하는데, 그것은 생생한 꿈을 야기한다.

2. 전치사 바로 뒤에는 관계대명사 that이 올 수 없다.
   She introduced her friends to the man (**to whom**, ~~to that~~) she was engaged.
   그녀는 친구들을 그녀와 약혼한 남자에게 소개했다.

② **항상 관계대명사 that을 취하는 선행사**

최상급 / 서수	Neil Armstrong is the first man **that** landed on the Moon. Neil Armstrong은 달에 착륙한 첫 번째 사람이다.
the same / the only / the very	This is the same computer **that** I bought. 이것은 내가 구입한 것과 동일한 컴퓨터이다.
-body, -thing으로 끝나는 대명사	I know somebody **that** uses the identical model. 나는 같은 모델을 사용하는 사람을 안다.
all, no, little, much 등	This is all the money **that** I have. 이것이 내가 갖고 있는 모든 돈이다.

📖 **기출로 체크**

어법상 틀린 부분이 있다면 바르게 고치세요.   [2017년 국가직 9급 (4월 시행)]

The sport in that I am most interested is soccer.
내가 가장 관심 있는 스포츠는 축구이다.

[정답] in that ⇒ in which

기출포인트 04 | 전치사 + 관계대명사

출제빈도 ★★

① '전치사 + 관계대명사' + 완전한 절

앞 문장과 공통의 명사가 뒤 문장에서 전치사의 목적어일 때 관계대명사 앞에 전치사가 온다. 관계대명사가 전치사의 목적어 역할을 하므로 '전치사 + 관계대명사' 뒤에는 완전한 절이 온다.

This is the suspect. + The police asked many questions to the suspect.
　　　　　공통 명사　　　　　　　　　　　　　　　　　　　　　　전치사　　공통 명사

이 사람은 용의자이다.　　　+ 경찰은 그 용의자에게 많은 질문을 했다.

= This is the suspect **to whom** the police asked many questions.
　　　　　　　　　　　전치사 + 관계대명사　　　완전한 절(주어 + 동사 + 목적어)

이 사람은 경찰이 많은 질문을 했던 용의자이다.

② '전치사 + 관계대명사'에서 전치사 선택: 선행사 또는 관계절의 동사에 따라 결정

This is the examination **for which** I've been preparing.　이것은 내가 준비해오고 있는 시험이다.

(= **for the examination** I've been preparing)

(= **the examination** I've been preparing **for**)

📖 **기출로 체크**

어법상 틀린 부분이 있다면 바르게 고치세요.　　　　　　　　　　　　　　　　[2014년 서울시 9급]

The sales industry is one which constant interaction is required, so good social skills are a must.

판매업은 지속적인 상호 작용이 요구되는 산업이므로, 좋은 사교 기술은 필수이다.

[정답] which ⇒ in which

① **관계부사 선택**: 선행사의 종류에 따라 관계부사를 선택

선행사	관계부사
시간 (time, day, week, year 등) 장소 (place, park, house 등) 이유 (the reason) 방법 (the way)	when where why how

The year **when** I first drove a car was 2006. 내가 처음으로 운전을 한 해는 2006년이었다.
　　시간

I went back to the hotel **where** I stayed before. 나는 내가 전에 묵었던 호텔로 다시 갔다.
　　　　　　　장소

> **⚡ 고득점 포인트**
> 관계부사 whereby는 '~에 의한(by which)' 등의 의미로 관계절에 쓰인다.
> We set up a plan **whereby[by which]** we can increase our sales. 우리는 판매를 증가시킬 수 있는 계획을 세웠다.

② **관계부사와 함께 쓰이는 선행사**

관계부사 when/where/why는 선행사와 관계부사를 모두 쓰거나 둘 중 하나만 쓸 수 있지만, 관계부사 how는 선행사 the way와 관계부사 how 중 하나는 반드시 생략해야 한다.

The driver explained (**the reason why**, **the reason**, **why**) he was late.
그 운전기사는 그가 왜 늦었는지 이유를 설명했다.

I was confused about (**the way**, **how**, ~~the way how~~) the movie ended.
나는 영화가 끝난 방식에 대해 혼란스러워 했다.

> **📖 기출로 체크**
> 어법상 틀린 부분이 있다면 바르게 고치세요.　　　　　　　　　　　　　　[2012년 사회복지직 9급]
>
> Tom moved to Chicago, which he worked for Louis Sullivan.
> Tom은 시카고로 이사했는데, 그곳은 그가 Louis Sullivan을 위해 일한 곳이다.
>
> [정답] which ⇒ where

① 관계부사 = '전치사 + 관계대명사'

관계부사	전치사 + 관계대명사
where	in/on/at/to + which
when	in/on/at/during + which
why	for + which
how	in + which

The truck driver missed the moment **when(= at which)** he could have made a left turn.
트럭 운전사는 좌회전할 수 있었던 순간을 놓쳤다.

I want to know the reason **why(= for which)** she didn't come.
나는 그녀가 오지 않은 이유를 알고 싶다.

② 관계부사 vs. 관계대명사

> 관계부사 + 완전한 절 (O)
> 관계대명사 + 불완전한 절 (O)

Try to avoid the time (**when**, ~~which~~) everyone rushes to work.
완전한 절(주어 + 타동사 + 목적어)
모두가 직장으로 서둘러 움직이는 시간은 피하도록 하세요.

We're looking for translators (**who**, ~~when~~) speak multiple languages.
불완전한 절(주어 + 타동사)
우리는 여러 언어를 구사하는 통역사들을 찾고 있다.

기출로 체크

어법상 틀린 부분이 있다면 바르게 고치세요. [2014년 지방직 7급]

The United States national debt was relatively small until the Second World War, during when it grew from $43 billion to $259 billion in just five years.
미국의 국채는 단 5년 만에 430억 달러에서 2,590억 달러로 늘어났던 제2차 세계 대전 전까지는 비교적 적었다.

[정답] during when ⇒ during which/when

01 밑줄 친 부분 중 어법상 옳지 않은 것은?   [2018년 지방직 9급]

I am writing in response to your request for a reference for Mrs. Ferrer. She has worked as my secretary ① <u>for the last three years</u> and has been an excellent employee. I believe that she meets all the requirements ② <u>mentioned</u> in your job description and indeed exceeds them in many ways. I have never had reason ③ <u>to doubt</u> her complete integrity. I would, therefore, recommend Mrs. Ferrer for the post ④ <u>what</u> you advertise.

02 밑줄 친 부분 중 어법상 옳지 않은 것을 고르시오.   [2011년 지방직 9급]

Chile is a Latin American country ① <u>where</u> throughout most of the twentieth century ② <u>was</u> marked by a relatively advanced liberal democracy on the one hand and only moderate economic growth, ③ <u>which forced it</u> to become a food importer, ④ <u>on the other</u>.

01 | 기출포인트 | **관계절 자리와 쓰임** 　　　　　　　　　　　　　　　　　　　　　　　정답 ④

> | 해설 | 명사(the post)를 수식하기 위해 형용사 역할을 하는 관계절이 와야 하는데, 선행사(the post)가 사물이고 관계절 내에서 동사(advertise)의 목적어 역할을 하므로 what을 사물을 가리키는 목적격 관계대명사 which 또는 that으로 고쳐야 한다.

> | 오답 분석 | ① | 기출포인트 | **전치사 2: 기간** 숫자를 포함한 시간 표현(the last three years) 앞에 와서 '얼마나 오래 지속되는가'를 나타내는 전치사 for(~ 동안)가 올바르게 쓰였다.

> ② | 기출포인트 | **현재분사 vs. 과거분사** 수식받는 명사(all the requirements)와 분사가 '모든 요건들이 언급되다'라는 의미의 수동 관계이므로 과거분사 mentioned가 올바르게 쓰였다.

> ③ | 기출포인트 | **to 부정사의 역할** '의심할 이유'라는 의미를 표현하기 위해 형용사처럼 명사(reason)를 수식할 수 있는 to 부정사 to doubt가 올바르게 쓰였다.

> | 해석 | 저는 Mrs. Ferrer의 추천서에 대한 당신의 요청에 대한 회신으로 글을 씁니다. 그녀는 제 비서로 지난 3년간 일해왔고 훌륭한 직원이었습니다. 저는 그녀가 당신의 직무 기술서에 언급된 모든 요건들을 충족시키며 확실히 여러 방면에서 그 요건들을 능가한다고 생각합니다. 저는 그녀의 완벽한 성실성을 의심할 이유가 한 번도 없었습니다. 그러므로, 저는 당신이 광고하는 그 직책에 Mrs. Ferrer를 추천할 것입니다.

> | 어휘 | reference 추천서　secretary 비서　meet 충족시키다　requirement 요건　exceed 능가하다　integrity 성실성, 성실함 post 직책, 일자리

02 | 기출포인트 | **관계대명사** 　　　　　　　　　　　　　　　　　　　　　　　　　　정답 ①

> | 해설 | 관계사 뒤에 주어가 없는 불완전한 절(throughout ~ on the other)이 왔으므로 완전한 절을 이끄는 관계부사(where)가 아닌 불완전한 절을 이끄는 관계대명사가 와야 한다. 선행사 a Latin American country가 사물이고 관계절 내에서 동사 was marked의 주어 역할을 하므로, 관계부사 where를 사물을 가리키는 주격 관계대명사 which 또는 that으로 고쳐야 한다.

> | 오답 분석 | ② | 기출포인트 | **주격 관계절의 수 일치** 주격 관계절(which/that ~ on the other)의 동사는 선행사(a Latin American country)에 수 일치시켜야 하는데, 선행사 a Latin American country가 단수 명사이므로 단수 동사 was가 올바르게 쓰였다.

> ③ | 기출포인트 | **관계대명사 & 인칭대명사** 선행사 moderate economic growth가 사물이고, 관계절(which ~ a food importer) 내에서 동사 forced의 주어 역할을 하므로 주격 관계대명사 which가 콤마(,) 뒤에 온 계속적 용법으로 쓰였다. 또한, 동사 force는 'force A to B'(A를 B하게 하다)의 형태로 쓰일 수 있고, 대명사(it)가 지시하는 것이 단수 명사(Chile)이므로 단수 대명사 it이 와서 which forced it이 올바르게 쓰였다.

> ④ | 기출포인트 | **병치 구문** 명사구(a relatively ~ democracy)와 명사구(only ~ growth)가 접속사 and로 이어진 병치 구문에서, 부사구 on the one hand(한편으로는)와 짝을 이루는 부사구 on the other(다른 한편으로는)가 올바르게 쓰였다.

> | 해석 | 칠레는 20세기의 대부분 동안 한편으로는 상대적으로 발달한 자유 민주주의로, 다른 한편으로는 그것(국가)을 식품 수입국이 되게 한 완만하기만한 경제 성장으로 특징지어진 라틴 아메리카 국가이다.

> | 어휘 | throughout ~ 동안　mark 특징짓다　relatively 상대적으로　advanced 발달한, 선진의 liberal democracy 자유 민주주의

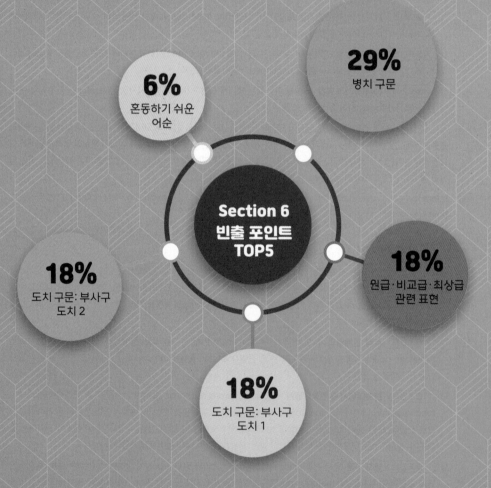

29%
병치 구문

6%
혼동하기 쉬운
어순

Section 6
빈출 포인트
TOP5

18%
도치 구문: 부사구
도치 2

18%
원급·비교급·최상급
관련 표현

18%
도치 구문: 부사구
도치 1

Section ❻
어순과 특수구문

BASIC GRAMMAR 기본기 다지기

1. 평서문과 명령문의 어순

평서문은 '주어 + 동사'를 기본 어순으로 한다. 명령문은 주어 없이 동사원형으로 시작한다.

Martin plays the guitar. Martin은 기타를 연주한다.
　　주어　　　동사

(You) **Tell** me about your job. 당신의 직업에 대해 말해주세요.
　　　　 동사

2. 의문문과 감탄문의 어순

의문문	(의문사 +) 조동사 + 주어 + 동사 *조동사가 있는 경우
	(의문사 +) 동사 + 주어 *조동사가 없는 경우
간접 의문문	의문사 + 주어 + 동사
부가 의문문	동사 + 주어
감탄문	How + 형용사/부사 (+ 주어 + 동사)
	What + (a/an +) 형용사 + 명사 (+ 주어 + 동사)

* 부가 의문문은 앞의 평서문이 긍정문이면 부정 부가 의문문이, 부정문이면 긍정 부가 의문문이 오며, 평서문에 일반동사가 오면 부가 의문문에는 do동사가, 평서문에 be동사/조동사가 오면 부가 의문문에도 동일하게 be동사/조동사가 온다.

■ 의문문

When does Maria finish work? Maria는 일을 언제 마치나요?
의문사   조동사   주어   동사

Is she likely to agree with us? 그녀가 우리에게 동의할 것 같니?
동사 주어

■ 간접 의문문

I don't know **who she is**. 나는 그녀가 누구인지 모른다.
의문사 주어 동사

What do you suggest **we do** now? 당신은 우리가 이제 무엇을 해야 한다고 제안하나요?
의문사   주어 동사

■ 부가 의문문

She came home last night, **didn't she**? 그녀는 어제 밤에 집에 왔어, 그렇지 않니?
            긍정문   동사   주어

She didn't come home last night, **did she**? 그녀는 어제 밤에 집에 오지 않았어, 그렇지?
            부정문   동사 주어

■ 감탄문

How bright the sun is today! 오늘 태양이 매우 밝군요!
       형용사   주어   동사

What a cute puppy that is! 아주 귀여운 강아지네요!
       형용사   명사   주어 동사

① 여러 품사가 함께 명사를 수식하는 경우의 어순

> 관사/소유격/지시형용사/수량 표현 (+ 부사) + 형용사 + 명사

That computer is **a very old model**. 그 컴퓨터는 매우 오래된 모델이다.
　　　　　　　　　　관사　부사　형용사　명사

John bought **his new cell phone**. John은 그의 새 핸드폰을 샀다.
　　　　　　　소유격　형용사　　명사

I don't want to stand in **that absurdly long line**. 나는 저 터무니없이 긴 줄에 서 있고 싶지 않다.
　　　　　　　　　　　　지시형용사　　부사　　형용사　명사

② 명사 앞에 명사를 수식하는 형용사가 여러 개 올 경우의 어순

순서	수	판단·태도	크기·길이·형태	색깔·원료
서수, last, next	three, ten	beautiful, remarkable	big, long, round	red, leather

They've built **three beautiful large white houses** on the street.
　　　　　　　　　수　　　판단　　　크기　　색깔　　명사
그들은 거리에 세 개의 아름답고 큰 흰색 집들을 지었다.

③ -thing, -body, -one으로 끝나는 명사: 형용사가 뒤에서 수식

There is **something wrong** with her plan. 그녀의 계획에 무언가 잘못된 것이 있다.
　　　　　　　　　형용사

I've never met **anybody unfriendly** here. 나는 여기서 불친절한 누구도 만난 적이 없다.
　　　　　　　　　　　　형용사

📖 **기출로 체크**

우리말을 영어로 잘못 옮긴 부분이 있다면 바르게 고치세요. [2013년 국가직 9급]

냉장고에 먹을 것이 하나도 남아있지 않아서, 어젯밤에 우리는 외식을 해야 했다.
→ We had nothing to eat left in the refrigerator, we had to eat out last night.

[정답] nothing to eat left ~, we had ⇒ nothing left to eat ~, so we had

02 | 혼동하기 쉬운 어순

① enough가 명사/형용사/부사와 사용될 때의 어순

enough + 명사	She has **enough** experience. 그녀는 충분한 경험이 있다.
형용사 + enough (+ 명사)	He gave confident **enough** speech in front of the crowd. 그는 관중 앞에서 충분히 자신감 있는 연설을 했다.
형용사/부사 + enough (+ to 부정사)	My room is clean **enough** to welcome guests. 내 방은 손님들을 맞이하기에 충분히 깨끗하다.

② so와 such의 어순

so + 형용사 + a/an + 명사	It was **so** breathtaking a night view. 그것은 아주 숨이 멎는듯한 야경이었다.
such + a/an + 형용사 + 명사	It was **such** a wonderful movie. 그것은 매우 훌륭한 영화였다.

> 🔅 **고득점 포인트**
>
> as, that, too는 'as/that/too + 형용사 + a/an + 명사' 순으로, quite는 'quite + a/an + 형용사 + 명사' 순으로 쓴다.

③ 구동사(동사 + 부사)와 목적어의 어순

동사 + 부사 + 명사	He **put on a hat**(= put a hat on). 그는 모자를 썼다.
동사 + 명사/대명사 + 부사	He took a hat with him and **put it on** at the beach. 그는 모자를 가져와서 그것을 해변에서 썼다. * 구동사의 목적어가 대명사일 때는 '동사 + 대명사 + 부사'의 어순으로만 쓴다.

📖 **기출로 체크**

어법상 틀린 부분이 있다면 바르게 고치세요.　　　　　　　　　[2021년 지방직 9급]

He felt enough comfortable to tell me about something he wanted to do.

그는 그가 하고 싶은 일에 대해 나에게 말할 수 있을 만큼 편안함을 느꼈다.

[정답] enough comfortable ⇒ comfortable enough

01 어법상 가장 옳지 않은 것은? [2019년 서울시 7급]

① The boss wants our team to go the documents through before the board of directors begins.

② Not only has the number of baseball players increased but so have the values of the players.

③ Bob tends to borrow more money from the bank than he can pay back.

④ A huge research fund was given to a local private university by the Ministry of Education.

02 어법상 옳은 것은? [2020년 지방직 7급]

① I don't have some objections to make.

② Does that car belong to the man next door?

③ The mother made her daughter to clean her room.

④ I used to break my leg in a soccer game three months ago.

01 기출포인트 **어순** 정답 ①

해설 '동사(go) + 전치사(through)'로 이루어진 구동사의 경우, '동사 + 전치사'(go through) 뒤에 목적어가 와야 하므로 go the documents through를 go through the documents로 고쳐야 한다.

오답분석 ② 기출포인트 **도치 구문: 부사구 도치 1** 부정을 나타내는 부사구(Not only)가 강조되어 문장의 맨 앞에 오면 주어와 조동사가 도치되어 'Not only + 조동사(has) + 주어(the number of baseball players) + 동사(increased)'의 어순이 되어야 하고, 앞의 말에 대해 '~역시 그렇다'라는 의미를 나타내는 부사 so가 절의 맨 앞에 오면 주어와 조동사가 도치되어 'so + 조동사(have) + 주어(the values)'의 어순이 되어야 하므로 Not only has the number of baseball players increased와 so have the values가 올바르게 쓰였다.

③ 기출포인트 **비교급** '그가 갚을 수 있는 것보다 더 많은 돈'은 비교급 표현 'more + 명사(money) + than'(~보다 더 많은 -)을 사용하여 나타낼 수 있으므로 more money ~ than he can pay back이 올바르게 쓰였다.

④ 기출포인트 **4형식 동사의 수동태** 동사 give는 두 개의 목적어를 '간접 목적어(a local private university) + 직접 목적어(a huge research fund)'의 순서로 취하는 4형식 동사로, 수동태가 되어 직접 목적어가 주어로 간 경우 수동태 동사(was given) 뒤에 '전치사(to) + 간접 목적어'(a local private university)가 와야 하므로 was given to a local private university가 올바르게 쓰였다.

해석 ① 상사는 이사회의가 시작하기 전에 우리 팀이 그 문서들을 검토하길 원한다.
② 야구 선수들의 수가 증가했을 뿐만 아니라 그 선수들의 가치 역시 증가했다.
③ Bob은 그가 갚을 수 있는 것보다 더 많은 돈을 은행에서 빌리는 경향이 있다.
④ 막대한 연구 자금이 교육부에 의해 한 지역의 사립대학에 주어졌다.

02 기출포인트 **어순** 정답 ②

해설 의문문에 조동사가 있는 경우 '(의문사 +) 조동사(does) + 주어(that car) + 동사(belong)'의 어순이 되어야 하므로, Does that car belong ~이 올바르게 쓰였다.

오답분석 ① 기출포인트 **부정대명사: some·any** 부정형용사 some(몇몇의)은 주로 긍정문에서 쓰이므로 부정문이나 의문문에서 쓰이는 부정형용사 any(몇몇의)로 고쳐야 한다.

③ 기출포인트 **5형식 동사** 동사 make(made)는 동사원형을 목적격 보어로 취하는 사역동사이므로 to 부정사 to clean을 동사원형 clean으로 고쳐야 한다.

④ 기출포인트 **과거 시제** 문맥상 '축구 경기에서 다리가 부러졌다'라는 의미가 되어야 자연스러우므로 조동사처럼 쓰이는 표현 used to(~하곤 했다)는 의미상 적절하지 않다. 과거 시제임을 나타내는 시간 표현 ago(~전에)가 왔으므로 used to break을 과거 시제 broke로 고쳐야 한다.

해석 ① 나는 이의를 제기할 것이 없다.
② 그 자동차는 옆집 남자의 것입니까?
③ 그 어머니는 자신의 딸이 방을 청소하도록 했다.
④ 나는 세 달 전에 축구 경기에서 다리가 부러졌다.

BASIC GRAMMAR 기본기 다지기

1. 비교 구문

원급	두 대상이 동등함을 나타냄
비교급	두 대상 중 하나가 우월함을 나타냄
최상급	셋 이상의 대상 중 하나가 가장 우월함을 나타냄

She is **as fast as** my sister. 그녀는 나의 자매만큼 빠르다.
　　　　원급

She is **faster than** me. 그녀는 나보다 빠르다.
　　　　비교급

She is **the fastest** runner on her team. 그녀는 그녀의 팀에서 가장 빠른 달리기 주자이다.
　　　　최상급

2. 원급, 비교급, 최상급 형태

원급, 비교급, 최상급에서 형용사와 부사는 각각 다른 형태를 가진다.

① 1음절 단어 또는 -er, -y, -ow, -some으로 끝나는 2음절 단어

원급(일반형태)	비교급(원급 + er)	최상급(원급 + est)
tall	taller	tallest
easy	easier	easiest

② -able, -ful, -ous, -ive로 끝나는 2음절 단어 또는 3음절 이상의 단어

원급(일반형태)	비교급(more + 원급)	최상급(most + 원급)
useful	more useful	most useful
dangerous	more dangerous	most dangerous

③ 불규칙한 형태를 가지는 단어

원급	비교급	최상급
good/well	better	best
bad/ill	worse	worst
many/much	more	most
little	less	least
late	later/latter	latest/last

① as + 형용사/부사의 원급 + as: ~만큼 -한/-하게

I find biology **as difficult as** algebra. 나는 생물학이 대수학만큼 어렵다고 생각한다.

The man handled the metal stick **as lightly as** a feather. 그 남자는 쇠막대를 깃털처럼 가볍게 다루었다.

> 💡 **고득점 포인트**
>
> 1. as ~ as 사이가 형용사 자리인지 부사 자리인지는 as, as를 지우고 구별한다.
>
>   The building is not as (high, ~~highly~~) as I imagined. 그 건물은 내가 상상했던 것만큼 높지 않다.
>   be동사   형용사
>
>   She needs to finish her work as (~~quick~~, quickly) as possible. 그녀는 가능한 한 빠르게 일을 마쳐야 한다.
>   동사   부사
>
> 2. '~만큼 -하지 않은'을 의미하는 경우 'not + as[so] + 형용사/부사의 원급 + as'로 쓴다.
>
>   My assignment is **not as complex as** his. 나의 과제는 그의 과제만큼 복잡하지 않다.

② as + many/much/few/little + 명사 + as: ~만큼 많은/적은 -

You can buy **as many books as** you want. 네가 원하는 만큼 많은 책들을 구매해도 좋다.

He uses **as little heat as** he can during the winter. 그는 겨울 동안 할 수 있는 한 적은 난방을 사용한다.

> 💡 **고득점 포인트**
>
> as ~ as 사이의 수량 형용사는 뒤의 명사가 가산 명사인지 불가산 명사인지에 유의하여 쓴다.
> She drinks as (~~many~~, much) water as I do. 그녀는 나만큼 물을 많이 마신다.
>   불가산 명사

③ 배수사 + as + 원급 + as: ~배만큼 -하다

The second room is **twice as big as** the first one. 두 번째 방은 첫 번째 방의 두 배만큼 크다.

> 💡 **고득점 포인트**
>
> 배수사 자리에 퍼센트, 분수 등의 '부분'을 나타내는 표현이 올 수 있다.
> This speaker costs **120 percent** as much as that one. 이 스피커는 저것보다 120퍼센트만큼 비용이 든다.

📖 **기출로 체크**

어법상 틀린 부분이 있다면 바르게 고치세요.   [2013년 국가직 9급]

Few living things are linked together as intimately than bees and flowers.
벌과 꽃만큼 서로 친밀하게 연관되어 있는 생물은 거의 없다.

[정답] as intimately than ⇒ as intimately as

02 | 비교급

① 형용사/부사의 비교급 + than: ~보다 더 -한

Hybrid cars are **more efficient** than regular cars. 하이브리드 자동차는 일반 자동차보다 더 효율적이다.

She spoke **louder than** the other guests. 그녀는 다른 손님들보다 더 크게 말했다.

> **🔆 고득점 포인트**
>
> '~보다 덜 -한'을 의미하는 경우 'less + 형용사/부사 + than'을 쓴다.
> His latest album is less popular than the last one among critics.
> 그의 새 음반은 마지막 것보다 평론가들 사이에서 인기가 덜하다.

② the + 비교급 + 주어 + 동사 ~, the + 비교급 + 주어 + 동사 -: 더 ~할수록, 더 -하다

The earlier you go to sleep, the better you will feel.
  the + 비교급 + 주어 + 동사   the + 비교급 + 주어 + 동사

당신이 더 일찍 잠자리에 들수록, 기분은 더 나아질 것이다.

③ more + 원급 + than + 원급: 하나의 사람/사물이 가진 두 가지 성질·성격·감정 등 비교

He was (**more happy**, ~~happier~~) **than sad** when he started to cry.

그가 울기 시작했을 때 그는 슬프다기보단 기뻤다.

→ 한 사람(He)의 감정이 슬펐는지 기뻤는지를 비교하고 있으므로 'more + 원급'인 more happy가 와야 한다.

④ than 대신 to를 쓰는 비교 표현

superior to ~보다 뛰어난	prior to ~보다 이전에	inferior to ~보다 열등한
prefer A to B B보다 A를 선호하다	senior to ~보다 더 나이 든	junior to ~보다 더 어린

I **prefer** a paper book **to** an e-book. 나는 전자책보다 종이책을 더 선호한다.

He is **junior to** his colleagues. 그는 그의 직장동료들보다 더 어리다.

📖 기출로 체크

어법상 틀린 부분이 있다면 바르게 고치세요. [2016년 국가직 9급]

The more a hotel is expensiver, the better its service is.
호텔이 더 비쌀수록, 서비스는 더 좋다.

[정답] The more a hotel is expensiver ⇒ The more expensive a hotel is

① 형용사/부사의 최상급 + of/in/that절: ~ 중에 가장 −한

This film is **the newest of** <u>all the works he directed</u>. 이 영화는 그가 연출한 모든 작품들 중 가장 최신작이다.

People think he is **the greatest goalkeeper in** <u>football history</u>.
사람들은 그가 축구 역사상 가장 훌륭한 골키퍼라고 생각한다.

This is **the most luxurious restaurant that** <u>I've been to</u>. 이곳은 내가 가본 식당 중 가장 고급스러운 식당이다.

> **⚙ 고득점 포인트**
> 1. 최상급 뒤에 오는 명사가 무엇인지 명확할 경우, 명사를 생략할 수 있다.
>   She is **the oldest (woman)** of all the women in the office. 그녀는 사무실의 여성들 중 가장 나이가 많은 여성이다.
> 2. 최상급 뒤의 that절에는 주로 현재완료 시제가 온다.
>   It was <u>the most thrilling</u> novel that **I have ever read**. 그것은 내가 읽은 소설 중에 가장 스릴 넘치는 소설이었다.

② the/소유격 + 최상급 + 명사

'최상급 + 명사' 앞에는 the나 소유격을 쓴다.

The expense was **the** <u>biggest problem</u> in the plan. 비용이 그 계획에서 가장 큰 문제였다.

Yesterday, she broke **her** <u>highest record</u>. 어제, 그녀는 그녀의 최고 기록을 경신했다.

The ocean is **(the) deepest** at this point. 이 바다는 이 지점에서 가장 깊다.
→ 하나의 사람/사물(The ocean)이 가진 성격·성질에 대한 최상급 표현일 경우 the가 생략될 수 있다.

③ the + 서수 + 최상급: ~ 번째로 가장 −한

Mt. Saint Elias is **the** <u>second</u> <u>highest</u> **mountain** in the United States.
　　　　　　　　　　　　　　　　서수　　　　최상급

Saint Elias산은 미국에서 두 번째로 높은 산이다.

📖 **기출로 체크**

어법상 틀린 부분이 있다면 바르게 고치세요.　　　　　　　　　　　　　　　[2012년 사회복지직 9급]

Seattle, the biggest city in the Pacific Northwest has a low violent crime rate.
태평양 북서부에서 가장 큰 도시인 시애틀은 낮은 폭력 범죄율을 가지고 있다.

[정답] 맞는 문장

04 원급·비교급 형태로 최상급 의미를 만드는 표현

출제빈도 ★★★

① 원급·비교급 형태로 최상급 의미를 만드는 표현

원급	no other + 단수 명사/nothing ~ as[so] + 원급 + as 다른 어떤 -도 ~만큼 ~하지 않다
비교급	no other + 단수 명사/nothing ~ 비교급 + than 다른 어떤 -도 ~보다 더 ~하지 않다
	비교급 + than any other + 단수 명사 다른 어떤 -보다 더 ~한
	have + never/hardly/rarely + p.p. + 비교급 더 ~해 본 적이 없다

No other friend is **as** close to her **as** James. 다른 어떤 친구도 James만큼 그녀와 친하지 않다.
              단수 명사   원급

No other friend is closer to her **than** James. 다른 어떤 친구도 James보다 더 그녀와 친하지 않다.
              단수 명사   비교급

James is closer to her **than any other** friend. James는 다른 어떤 친구보다 그녀와 더 친하다.
           비교급   단수 명사

James **has rarely** been closer to anybody than he is to her.
                    p.p.   비교급
James는 누구와도 그가 그녀와 친한 것보다 더 친했던 적이 없다.

기출로 체크

어법상 틀린 부분이 있다면 바르게 고치세요.　　　　　　　　　　　　　　　　　[2016년 서울시 7급]

It has been widely known that he is more receptive to new ideas than any other men.
그는 다른 어떤 사람보다 새로운 아이디어에 더 수용적이라고 널리 알려져 왔다.

[정답] men ⇒ man

① 원급·비교급·최상급 관련 표현

원급	as ~ as can be 더없이 not so much A as B A라기보다는 B인	as ~ as any 무엇/누구에게도 못지않게 never[not] so much as ~조차도 하지 않다
비교급	more than/less than 이상/이하 no longer 더 이상 ~않다 no more than 단지 ~밖에 안 되는 more often than not 대개, 자주 A no 비교급 than B B가 ~않은 만큼 A도 ~않은 (= as 반대 의미의 원급 as)	no later than ~까지는 no sooner ~ than - ~하자마자 -하다 other than ~외에, ~말고, ~않은 all the more 더욱 더
최상급	at (the) least 적어도 at (the) most 많아야, 기껏해야 one of the + 최상급 가장 ~한 -중 하나	at (the) best 잘해야, 기껏해야 the world's + 최상급 세계에서 가장 ~한

Her parents are **as** nice **as can be**. 그녀의 부모님은 더없이 좋은 분들이다.

She had **never so much as** spoken a word. 그녀는 단 한 마디조차 말하지 않았다.

She **no longer** is afraid of spiders. 그녀는 더 이상 거미를 무서워하지 않는다.

No sooner had I sat down **than** the bus departed. 내가 앉자마자 버스가 출발했다.

You have to check your schedule **at least** twice a day. 당신은 적어도 하루에 두 번은 일정을 확인해야 한다.

It takes **at most** 5 minutes to fill out this survey. 이 설문은 작성하는 데 많아야 5분이 걸린다.

기출로 체크

우리말을 영어로 잘못 옮긴 부분이 있다면 바르게 고치세요. [2013년 국가직 7급]

사람의 가치는 재산보다도 오히려 인격에 있다.

→ A person's value lies not so much in what he is as in what he has.

[정답] not so much in what he is as in what he has ⇒ not so much in what he has as in what he is

기출포인트 06 | 비교급·최상급 강조 표현

출제빈도 ★★

① 비교급을 강조하는 표현

| much 매우 | even 훨씬 | still 훨씬, 더욱 | far 훨씬, 아주 | a lot 상당히 | by far 훨씬, 단연코 |

Trains are **much** faster than buses. 기차가 버스보다 훨씬 빠르다.

→ 비교급(faster)을 강조하여 '훨씬'이란 의미를 나타내기 위해 부사 much가 쓰였다.

💡 고득점 포인트

1. 부사 any는 보통 부정문과 의문문, 조건절에서 '조금도', '조금은'이란 의미로 비교급을 강조한다.
   He doesn't feel **any** better today. 그는 오늘 기분이 조금도 더 나아지지 않았다.

2. 부사 still은 비교급을 뒤에서도 수식할 수 있다.
   The food was awful, but the service was worse **still**. 음식이 끔찍했지만, 서비스는 더 형편없었다.

② 비교급을 강조하는 표현으로 쓸 수 없는 부사

| very 매우 | too 너무 | so 너무 | that 그만큼 |

This laptop is (**much, even, still**, ~~very~~) more expensive than the one I bought.

이 노트북 컴퓨터는 내가 산 것보다 훨씬 더 비싸다.

→ 비교급(more expensive)을 강조하기 위해서는 very가 아니라 much/even/still 등의 부사가 와야 한다.

③ 최상급 표현 앞에 써서 최상급을 강조하는 표현

| by far 훨씬, 단연코 | quite 꽤, 상당히 |

It was **by far** the easiest game that I had ever played.

그것은 내가 해본 게임 중 단연코 가장 쉬운 게임이었다.

→ 최상급(the easiest)을 강조하여 '훨씬'이란 의미를 나타내기 위해 부사 by far가 쓰였다.

📖 기출로 체크

어법상 틀린 부분이 있다면 바르게 고치세요. [2016년 국가직 9급]

Jessica is a much careless person who makes little effort to improve her knowledge.

Jessica는 지식을 향상시키기 위해서 거의 노력하지 않는 대단히 무심한 사람이다.

[정답] much ⇒ very

01 우리말을 영어로 잘못 옮긴 것은? [2018년 국가직 9급]

① 그 연사는 자기 생각을 청중에게 전달하는 데 능숙하지 않았다.
→ The speaker was not good at getting his ideas across to the audience.

② 서울의 교통 체증은 세계 어느 도시보다 심각하다.
→ The traffic jams in Seoul are more serious than those in any other city in the world.

③ 네가 말하고 있는 사람과 시선을 마주치는 것은 서양 국가에서 중요하다.
→ Making eye contact with the person you are speaking to is important in western countries.

④ 그는 사람들이 생각했던 만큼 인색하지 않았다는 것이 드러났다.
→ It turns out that he was not so stingier as he was thought to be.

02 밑줄 친 부분 중 어법상 가장 옳지 않은 것은? [2019년 서울시 7급]

To a music lover watching a concert from the audience, it would be easy to believe that ① a conductor has one of easiest jobs in the world. There he stands, ② waving his arms in time with the music, and the orchestra produces glorious sounds, to all appearances quite spontaneously. ③ Hidden from the audience— especially from the musical novice—are the conductor's abilities to read and interpret all of the parts at once, to play several instruments and understand the capacities of many more, to organize and coordinate the disparate parts, ④ to motivate and communicate with all of the orchestra members.

01 | 기출포인트 | **원급** 정답 ④

해설 '사람들이 생각했던 만큼 인색하지 않았다는 것'은 두 대상의 동등함을 나타내는 원급 표현 'not + so + 형용사의 원급
+ as'(~만큼 -하지 않은)를 사용하여 나타낼 수 있으므로 비교급 stingier를 원급 stingy로 고쳐야 한다.

오답
분석
① | 기출포인트 | **전치사 자리** 전치사(at) 뒤에는 명사 역할을 하는 것이 와야 하므로 전치사 at 뒤에 동명사 getting이
올바르게 쓰였다.

② | 기출포인트 | **비교급 형태로 최상급 의미를 만드는 표현 & 지시대명사** '세계 어느 도시보다 심각하다'는 비교급 형
태로 최상급 의미를 만드는 표현 '비교급(more serious) + than any other + 단수 명사(city)'(다른 어떤 -보다 더
~한)의 형태를 사용하여 나타내므로, more serious than those in any other city가 올바르게 쓰였다. 또한, 지시
대명사(those)가 가리키는 명사 The traffic jams가 복수이므로 복수 지시대명사 those가 올바르게 쓰였다.

③ | 기출포인트 | **주어와 동사의 수 일치** 동명사 주어(Making eye contact)는 단수 취급하므로 단수 동사 is가 올바
르게 쓰였다. 참고로, 해당 문장은 the person과 you 사이에 관계절(you ~ to) 내 전치사 to의 목적어 역할을 하
는 목적격 관계대명사 whom이 생략된 형태이다.

어휘 get ~ across ~를 전달하다 turn out ~인 것으로 드러나다 stingy 인색한

02 | 기출포인트 | **최상급** 정답 ①

해설 '최상급(easiest) + 명사(jobs)' 앞에는 반드시 the나 소유격이 와야 하므로, easiest jobs를 the easiest jobs로 고
쳐야 한다.

오답
분석
② | 기출포인트 | **현재분사 vs. 과거분사** 주절의 주어 he와 분사구문이 '그가 그의 팔을 흔들다'라는 의미의 능동관계
이므로 현재분사 waving이 올바르게 쓰였다.

③ | 기출포인트 | **도치 구문: 기타 도치 & 현재분사 vs. 과거분사** 분사 보어(Hidden from the audience)가 강조되어
문장 맨 앞에 오면 주어와 동사가 도치되어 '동사 + 주어(are the conductor's abilities)'의 어순이 되어야 하고,
주어와 분사가 '지휘자의 능력은 보이지 않는다(숨겨졌다)'라는 의미의 수동관계이므로 과거분사 Hidden이 올바르
게 쓰였다.

④ | 기출포인트 | **병치 구문** 접속사(and)로 연결된 병치 구문에서는 같은 구조끼리 연결되어야 하는데, and 앞에 to
부정사(to motivate)가 왔으므로 and 뒤에도 to 부정사가 와야 한다. 병치 구문에서 나온 두 번째 to 부정사의 to
는 생략될 수 있으므로 (to) communicate가 올바르게 쓰였다.

해석 청중 속에서 콘서트를 관람하는 음악을 사랑하는 사람들에게는, 지휘자가 세상에서 가장 쉬운 직업 중 하나를 갖고 있
다고 생각하기 쉬울 것이다. 그는 음악의 박자에 맞추며 어느 모로 보나 상당히 즉흥적으로 그의 팔을 흔들며 서있고, 그
오케스트라는 훌륭한 연주를 한다. 지휘자가 모든 부분을 한 번에 이해하고 해석하고, 여러 악기들을 연주하고 더 많은
것들의 성능을 이해하고, 이질적인 부분들을 구성하고 조화시키고, 모든 오케스트라 단원들에게 동기를 부여하고 그들
과 의사소통하는 능력은 청중에게, 특히 음악 초보자들에게는, 보이지 않는다.

어휘 conductor 지휘자 in time with 박자에 맞추어 to all appearances 어느 모로 보나 novice 초보자, 풋내기
interpret 해석하다 coordinate 조화시키다 disparate 이질적인

비교 구문

Chapter 20

해커스공무원 영어 문법 고득점 핵심노트

BASIC GRAMMAR 기본기 다지기

1. 병치

접속사로 연결된 항목들이 서로 같은 품사나 구조를 취해 균형을 이루고 있는 것을 **병치**라고 한다.

Her singing was **beautiful** and **touching**. 그녀의 노래는 아름답고 감동적이었다.
　　　　　　　　　형용사　　　　　　　형용사

You can take either **a cab** or **buses** to get there.
　　　　　　　　　　　　명사　　　　명사
당신은 그곳에 가기 위해 택시 또는 버스들을 탈 수 있다.

2. 도치

주어와 동사의 위치가 바뀌는 현상을 도치라고 하며, 도치는 주로 강조하고자 하는 말을 문장의 맨 앞으로 이동시켰을 때 일어난다.

■ 조동사(have/be동사 포함)가 있는 경우
조동사와 주어의 위치가 바뀐다.

The train will depart only after the doors are closed.
　　　주어　　조동사　동사
기차는 오직 문이 닫힌 이후에만 출발할 것이다.

Only after the doors are closed **will the train depart**.
　　　　　　　　　　　　　　　　　조동사　　주어　　　동사
오직 문이 닫힌 이후에만 기차가 출발할 것이다.

■ 일반동사만 있을 경우

조동사 역할을 하는 do 동사(do/does/did)가 앞으로 이동하고, 일반동사는 원형으로 바뀐다.

Katherine rarely gets mad. Katherine은 거의 화를 내지 않는다.
　　　　　　　　　　3인칭 현재시제 일반동사

Rarely does Katherine get mad.
　　　　현재단수 동사　　　　　　동사원형

*도치가 발생하면 주어 앞으로 온 (조)동사, do동사, be동사의 시제와 수에 주의해야 한다.

2. 강조

문장 내에서 문장 요소나 내용을 두드러지게 보이게 하는 것을 **강조**라고 한다.

■ 일반동사를 강조할 경우

일반동사 앞에 조동사 do를 쓰고, 일반동사는 원형으로 바뀐다. 이때 동사의 시제와 수는 do 동사에 맞춘다.

She **does** love traveling. 그녀는 정말 여행하는 것을 좋아한다.

■ It – that 강조 구문

동사를 제외한 주어, 목적어 등의 문장 요소를 강조할 수 있다.

She loves traveling. 그녀는 여행을 좋아한다.
주어　　　　　목적어

→ **It** is her **that** loves traveling. 여행을 좋아하는 것은 바로 그녀이다.

→ **It** is traveling **that** she loves. 그녀가 좋아하는 것은 바로 여행이다.

① 병치 구문: 같은 품사 & 구조끼리 연결

I had <u>eggs</u> **and** <u>apples</u> for breakfast. 나는 아침식사로 계란들과 사과들을 먹었다.
　　　　명사　　　　　명사

He is <u>sincere</u> **and** <u>kind</u>. 그는 진실되고 친절하다.
　　　　형용사　　　　형용사

There are people <u>in the office</u> **and** <u>in front of the building</u>. 사무실 안과 건물 앞에 사람들이 있다.
　　　　　　　　전치사구　　　　　　　　　　　전치사구

His duty includes <u>purchasing office supplies</u> **and** <u>managing them</u>.
　　　　　　　　　　동명사구　　　　　　　　　　　　　동명사구

그의 업무는 사무용품을 구입하는 것과 그것들을 관리하는 것을 포함한다.

I have no idea about <u>where did he go</u> **and** <u>when did he leave</u>.
　　　　　　　　　　　명사절　　　　　　　　　　명사절

나는 그가 어디에 갔고 언제 떠났는지에 대해 아는 바가 없다.

> **⚙️ 고득점 포인트**
>
> 1. 동사끼리 연결된 병치 구문에서는 수·시제 일치가 되어 있는지 확인해야 한다.
>   He **studies** hard at school and also (**attends**, ~~attend~~) afterschool classes.
>   그는 학교에서 열심히 공부하며 또한 방과 후 수업에 참석한다.
> 2. to 부정사구 병치 구문에서 두 번째 나온 to는 생략될 수 있다.
>   She wanted <u>to enter</u> the university and (to) <u>study</u> there. 그녀는 그 대학에 입학하여 그곳에서 공부하기를 원했다.

② 비교 구문 병치: 비교 대상은 같은 품사나 구조끼리 연결

<u>Quality</u> is **as important as** <u>the price</u>. 품질은 가격만큼 중요하다.
명사　　　　　　　　　　　　명사

I **would rather** <u>watch films at home</u> **than** <u>go out</u>. 나는 밖에 나가기보다 집에서 영화를 보겠다.
　　　　　　　　동사구　　　　　　　　　　동사구

<u>To shop at an online store</u> is **more convenient than** <u>to shop at a department store</u>.
to 부정사구　　　　　　　　　　　　　　　　　　　to 부정사구

온라인 쇼핑몰에서 물건을 사는 것은 백화점에서 물건을 사는 것보다 더 편하다.

📖 기출로 체크

우리말을 영어로 잘못 옮긴 부분이 있다면 바르게 고치세요.　　　　　　　[2017년 국가직 9급 (10월 추가)]

과정을 관리하면서 발전시키는 것이 나의 목표였다.
→ To control the process and making improvement was my objectives.

[정답] making ⇒ (to) make

① **부정/제한을 나타내는 부사(구) 도치**: 부사(구) + 조동사 + 주어 + 동사

부정을 나타내는 부사(구)	never 결코 ~않다 not until ~하고 나서야 비로소 -하다 no longer 더 이상 ~않다 at no time 결코 ~않다 on no account 결코 ~않다 under no circumstance 어떤 일이 있어도 ~않다	hardly/seldom/rarely/little 거의 ~않다 no sooner ~ than - ~하자마자 -하다 nor/neither ~도 역시 -않다 nowhere 어디에서도 ~않다
제한을 나타내는 부사구	not only ~일 뿐 아니라	only + 부사구 오직 ~

We saw any rest stops <u>nowhere</u>. 우리는 어디에서도 휴게소를 못 봤다.
주어 일반동사

→ Nowhere **did we see** any rest stops. 어디에서도 우리는 휴게소를 못 봤다.
　　　　조동사 주어 동사

The audience should applaud only after the performance. 관객들은 오직 공연 후에만 박수를 쳐야 한다.
　　주어　　　　　조동사　　　동사

→ Only after the performance **should the audience applaud**.
　　　　　　　　　　　　조동사　　　　주어　　　　동사

오직 공연 후에만 관객들은 박수를 쳐야 한다.

② **'so + 부사/형용사' 도치**: so + 부사/형용사 + 조동사 + 주어 + 동사

So quietly **did she speak** that I could hardly hear her voice.
so + 부사　　조동사 주어　　동사
그녀는 너무 조용히 말해서 나는 그녀의 목소리를 거의 들을 수 없었다.

（ 고득점 포인트 ）

'so ~ that' 문장에서 'so + 형용사/부사'가 도치되어 문장의 맨 앞으로 가고, 동사 자리에 be동사가 오면, 'so + 형용사/부사' 대신에 형용사 such가 쓰일 수도 있다.
So loud was the music that I failed to hear my phone ringing.
= Such was the music that I failed to hear by phone ringing.
　음악 소리가 너무 커서 나는 내 전화가 울리는 것을 못 들었다.

（ 기출로 체크 ）

어법상 틀린 부분이 있다면 바르게 고치세요.　　　　　　　　　　　　　　　[2018년 법원직 9급]

Never again lions crossed Richard's fence. 사자들은 Richard의 울타리를 두 번 다시 넘어오지 않았다.

[정답] Never again lions crossed ⇒ Never again did lions cross

1 장소·방향을 나타내는 부사(구) 도치: 부사(구) + 동사 + 주어

A big tree | stands | behind my house. 큰 나무가 나의 집 뒤에 서 있다.
　　주어　　　동사　　　장소를 나타내는 부사구

Behind my house | stands | a big tree. 나의 집 뒤에 큰 나무가 서 있다.
　장소를 나타내는 부사구　　동사　　　주어

The ball | flew | over the fence. 그 공이 울타리 너머로 날아갔다.
　주어　　동사　　방향을 나타내는 부사구

Over the fence | flew | the ball. 울타리 너머로 그 공이 날아갔다.
방향을 나타내는 부사구　동사　　주어

🔅 고득점 포인트

1. 장소나 방향을 나타내는 부사구 뒤에 콤마(,)가 있을 때는 도치가 일어나지 않는다.
   On the roof, the rooster crows. 지붕 위에서 수탉이 운다.

2. 시간의 부사구가 강조되어 문장의 맨 앞에 나올 때는 도치가 일어나지 않는다.
   In an hour the CEO will arrive at the airport. 한 시간 후에 CEO가 공항에 도착할 것이다.
   　　　　　　주어　　동사

📖 기출로 체크

어법상 틀린 부분이 있다면 바르게 고치세요. [2014년 서울시 9급]

At certain times may this door be left unlocked.
특정한 시간에 이 문은 잠겨 있지 않은 채로 있을지도 모른다.

[정답] may this door be left ⇒ this door may be left

04 | 도치 구문: 기타 도치

① so, neither/nor(~ 역시 그렇다) 도치: so, neither/nor + 조동사/be동사 + 주어

Korean food is delicious, and **so are French cuisines**. 한국 음식은 맛있고, 프랑스 요리들 또한 그렇다.
　　　　　긍정문　　　　　　be동사　　　주어

He doesn't know about her, and **neither do I**. 그는 그녀에 대해서 모르고, 나 역시 그렇다.
　　부정문　　　　　　　　　　　　조동사 주어

② 접속사 as(~처럼)/than(~보다) 도치: as/than + 조동사/be동사 + 주어

접속사 as(~처럼)/than(~보다) 바로 뒤의 절이 '주어 + 조동사'로 이루어져 있으면 '동사 + 주어' 순서로 도치가 일어날 수도 있다.

I was a big fan of her, **as were my friends**. (= as my friends were)
　　　　　　　　　　　　　　be동사　주어
내 친구들이 그랬던 것처럼, 나는 그녀의 열렬한 팬이었다.

He volunteered more hours **than did anyone else**. (= than anyone else did)
　　　　　　　　　　　　　　　조동사　　주어
그는 다른 누구보다 더 많은 시간을 자원봉사 했다.

> **🔆 고득점 포인트**
>
> 접속사 as(~처럼)가 절의 맨 앞에 와도, 주절과 접속사가 이끄는 절의 주어가 서로 같을 경우 도치가 일어나지 않는다.
> The executives held the annual conference, as they(=The executives) do each year.
> 경영진은 매년 그러는 것처럼, 연례 회의를 개최했다.

③ 형용사/분사 보어 도치: 형용사/분사 보어 + 동사 + 주어

Excited **the fans were** to see the star player. [X]

Excited **were the fans** to see the star player. [O] 팬들은 스타 선수를 보게 되어 신이 났다.
분사 보어　동사　주어

📖 **기출로 체크**

어법상 틀린 부분이 있다면 바르게 고치세요.　　　　　　　　　　[2017년 국가직 9급]

They didn't believe his story, and I did neither.
그들의 그의 이야기를 믿지 않았고, 나 역시 그랬다.

[정답] I did neither ⇒ neither did I

① **재귀대명사**: 명사·대명사 바로 뒤 또는 문장 맨 뒤에 써서 명사나 대명사를 강조

I (**myself**) do not trust any of them. 내 자신은 그들 중 누구도 신뢰하지 않는다.

= I do not trust any of them (**myself**).

They (**themselves**) wrote all these letters. 그들은 이 모든 편지들을 직접 썼다.

= They wrote all these letters (**themselves**).

② **do동사**: 일반동사 앞에 써서 일반동사의 의미를 강조

I **do** like Japanese food. 나는 일식을 정말 좋아한다.

She **does** love cats. 그녀는 고양이를 정말 좋아한다.

> **고득점 포인트**
>
> do동사는 do동사가 속한 절의 주어와 수·시제가 일치해야 한다.
> He **did** look excited **yesterday morning**. 어제 아침 그는 정말 신나 보였다.

③ **the very**: 명사 앞에 써서 명사를 강조

It was **the very** thing I was looking for. 이것은 내가 찾던 바로 그것이다.

This is **the very** book that my father always wanted to read.
이것은 내 아버지가 항상 읽기 원했던 바로 그 책이다.

기출로 체크

어법상 틀린 부분이 있다면 바르게 고치세요. [2014년 서울시 9급]

My art history professors prefer Michelangelo's painting to his sculpture, although Michelangelo himself was more proud of the latter.
비록 미켈란젤로 그 자신은 후자(그의 조각품)를 더 자랑스러워 했지만, 나의 미술사 교수님들은 미켈란젤로의 그림을 그의 조각품보다 좋아한다.

[정답] 맞는 문장

기출포인트
06 It – that 강조 구문

출제빈도
★★

① It – that 강조 구문

> It + 강조할 것(동사를 제외한 문장 요소) + that ~ -한 것은 바로 ~이다

<u>She</u> takes <u>vitamins</u> <u>before dinner.</u> 그녀는 저녁식사 전에 비타민을 먹는다.
주어　　　　목적어　　　부사구

→ **It** is <u>she</u> **that** takes vitamins before dinner. 저녁식사 전에 비타민을 먹는 것은 바로 그녀다.

→ **It** is <u>vitamins</u> **that** she takes before dinner. 그녀가 저녁식사 전에 먹는 것은 바로 비타민이다.

→ **It** is <u>before dinner</u> **that** she takes vitamins. 그녀가 비타민을 먹는 때는 바로 저녁식사 전이다.

② 강조하는 대상에 따라 that 대신 쓸 수 있는 관계사

사람	who whom	It was <u>Bart</u> **who** knocked on the door. 문을 두드린 것은 바로 Bart였다. It was <u>Stan</u> **whom[who]** he was looking for. 그가 찾고 있던 사람은 바로 Stan이었다.
사물, 동물	which	It was <u>my dog</u> **which** kept barking. 계속 짖어댄 것은 바로 나의 개였다.
장소	where	It was <u>in the school</u> **where** I lost my wallet. 내가 지갑을 잃어버린 곳은 바로 학교였다.
시간	when	It is <u>this weekend</u> **when** he is leaving the company. 그가 회사를 떠나는 것은 바로 이번 주말이다.

📖 **기출로 체크**

어법상 틀린 부분이 있다면 바르게 고치세요.　　　　　　　　　　　　　　　[2016년 서울시 9급]

It was when I got support across the board politically, from Republicans as well as Democrats,
who I knew I had done the right thing.

내가 옳은 일을 했다는 것을 안 것은 내가 민주당원들뿐만 아니라 공화당원들로부터 정치적으로 전면적인 지지를 받았을 때였다.

[정답] who ⇒ that

01 우리말을 영어로 가장 잘 옮긴 것을 고르시오.　　　　　　　　[2021년 국가직 9급]

① 나는 너의 답장을 가능한 한 빨리 받기를 고대한다.
→ I look forward to receive your reply as soon as possible.

② 그는 내가 일을 열심히 했기 때문에 월급을 올려 주겠다고 말했다.
→ He said he would rise my salary because I worked hard.

③ 그의 스마트 도시 계획은 고려할 만했다.
→ His plan for the smart city was worth considered.

④ Cindy는 피아노 치는 것을 매우 좋아했고 그녀의 아들도 그랬다.
→ Cindy loved playing the piano, and so did her son.

02 우리말을 영어로 잘못 옮긴 것을 고르시오.　　　　　　　　[2015년 국가직 9급]

① 그는 자신의 정적들을 투옥시켰다.
→ He had his political enemies imprisoned.

② 경제적 자유가 없다면 진정한 자유가 있을 수 없다.
→ There can be no true liberty unless there is economic liberty.

③ 나는 가능하면 빨리 당신과 거래할 수 있기를 바란다.
→ I look forward to doing business with you as soon as possible.

④ 30년 전 고향을 떠날 때, 그는 다시는 고향을 못 볼 거라고 꿈에도 생각지 않았다.
→ When he left his hometown thirty years ago, little does he dream that he could never see it again.

01 | 기출포인트 | **도치 구문: 기타 도치** 　　　　　　　　　　　　　　　　　　　　　 정답 ④

| 해설 | '~역시 그렇다'라는 표현인 so 뒤에는 주어와 조동사가 도치되어 '조동사(did) + 주어'의 어순이 되어야 하므로 so did her son이 올바르게 쓰였다. 참고로, 동사 love는 to 부정사와 동명사를 모두 목적어로 취할 수 있으므로 동명사를 목적어로 취한 loved playing이 올바르게 쓰였다.

| 오답 분석 | ① | 기출포인트 | **동명사 관련 표현** '답장을 받기를 고대한다'는 동명사 관련 표현 look forward to -ing(-을 고대하다)로 나타낼 수 있으므로 동사원형 receive를 동명사 receiving으로 고쳐야 한다.

② | 기출포인트 | **혼동하기 쉬운 자동사와 타동사** '월급을 올려 주다'는 타동사 raise(올리다)를 써서 나타낼 수 있으므로 자동사 rise를 타동사 raise로 고쳐야 한다.

③ | 기출포인트 | **동명사 관련 표현** '고려할 만했다'는 동명사 관련 표현 be worth -ing(-할 만하다)로 나타낼 수 있으므로 과거분사 considered를 동명사 considering으로 고쳐야 한다.

| 어휘 | receive 받다　reply 답장　salary 월급　look forward to ~을 고대하다, ~을 바라다

02 | 기출포인트 | **도치 구문: 부사구 도치 1 & 시제 일치** 　　　　　　　　　　　　　　 정답 ④

| 해설 | '꿈에도 생각지 않았다'는 부정을 나타내는 부사 little(거의 ~않다)을 써서 '거의 생각하지 못했다'라는 의미로 나타낼 수 있다. 부정을 나타내는 부사(little)가 강조되어 문장 맨 앞에 나오면 주어와 조동사가 도치되어 '조동사 + 주어 + 동사'의 어순이 되어야 하는데, 문장에 특정 과거 시점을 나타내는 시간 표현(thirty years ago)이 왔으므로, 현재 시제 조동사 does를 과거 시제 조동사 did로 고쳐야 한다. 따라서 little does he dream을 little did he dream으로 고쳐야 한다.

| 오답 분석 | ① | 기출포인트 | **5형식 동사** 사역동사 have(had)는 목적격 보어로 동사원형이나 과거분사를 취하는데, 목적어와 목적격 보어가 능동 관계일 때 동사원형이, 수동 관계일 때 과거분사가 와야 한다. 목적어 his political enemies와 목적격 보어가 '그의 정적들을 투옥시키다(그의 정적들이 투옥되다)'라는 의미의 수동 관계이므로 had의 목적격 보어 자리에 과거분사 imprisoned가 올바르게 쓰였다.

② | 기출포인트 | **부사절 접속사 1: 조건** '경제적 자유가 없다면'은 부사절 접속사 unless(만약 ~아니라면)로 나타낼 수 있으므로 unless가 올바르게 쓰였다.

③ | 기출포인트 | **동명사 관련 표현** '거래할 수 있기를 바란다'는 동명사 관련 표현 'look forward to -ing'(-을 바라다, 고대하다)의 형태를 사용하여 나타낼 수 있으므로 I look forward to doing business가 올바르게 쓰였다.

| 어휘 | imprison 투옥하다　liberty 자유

MEMO

2022 대비 최신판

해커스공무원

영어 문법

고득점
핵심노트

초판 3쇄 발행 2022년 6월 13일
초판 1쇄 발행 2021년 9월 3일

지은이	해커스 공무원시험연구소
펴낸곳	해커스패스
펴낸이	해커스공무원 출판팀
주소	서울특별시 강남구 강남대로 428 해커스공무원
고객센터	1588-4055
교재 관련 문의	gosi@hackerspass.com
	해커스공무원 사이트(gosi.Hackers.com) 교재 Q&A 게시판
	카카오톡 플러스 친구 [해커스공무원강남역], [해커스공무원노량진]
학원 강의 및 동영상강의	gosi.Hackers.com
ISBN	979-11-6662-610-4 (13740)
Serial Number	01-03-01